Eduard Stucken

Yrsa: eine Tragödie in drei Akten

Eduard Stucken

Yrsa: eine Tragödie in drei Akten

ISBN/EAN: 9783744638883

Hergestellt in Europa, USA, Kanada, Australien, Japan

Cover: Foto ©ninafisch / pixelio.de

Weitere Bücher finden Sie auf **www.hansebooks.com**

EDUARD STUCKEN

Eine Tragödie in drei Akten.

Berlin
S. Fischer, Verlag
1897.

Perſonen.

Ragnar Lodbrok, König von Dänemark.

Biorn,
Etrek,
Rognvald,
Ivar, (lahm) } ſeine Söhne.

Wisbur,
Gyd,
Folkwid, } Wikinger.

Thora.

Ella, König von England.

Aslaug, ſeine Tochter.

Urſa.

Ake,
Grima, } Pflegeeltern Urſas.

Fenja,
Menja, } zwei Mägde.

Der Geiſt des Königs Sigurd Ring.

––––––––

Erster Akt.

Eine Meeresbucht, felsiger Strand. Rechts vorn eine ärmliche Fischerhütte. Links ein vorspringender Felsen mit Felsentreppe. In der Mitte der Scene freier Ausblick auf das Meer und den ganzen weitgedehnten Golf.

1. Scene.

(Fenja und Menja steigen die Felsentreppe links herab, jede von ihnen trägt einen großen Sack auf dem Rücken und eine steinerne Handmühle im Arm. Sie sind beide durch eine Eisenkette aneinander gefesselt. Sie gehen langsam, Schritt für Schritt, wie erdrückt von der Last.)

Fenja. Wie die Wegvögel schreien auf der Gabelheide.

Menja. Sie fürchten die Windsau.

Fenja (die Fischerhütte erblickend). Da sieh, eine Hütte — endlich!

Menja. Nun können wir den Teig kneten.

Fenja. Hast Du Krähenblut?

Menja. Nein.

Fenja. Hast Du den Span vom Galgen?

Menja. Nein.

Fenja. Hast Du Hahnenkamm und Uhukrallen? Hast Du Meeresfett und Schaum vom Monde?

Menja. Nein.

Fenja. Dann können wir wieder kein blaues Brot backen.

Menja. Und wieder kein Brot auf den Dreiweg legen?

Fenja. Nein.

Menja. Wird denn unsere Kette nie brechen? Todesnetze, die ich ausgespannt, Fallstricke, die ich band, sie haben unserem Zwingherrn nichts an.

Fenja. Auch Ragnar Lodbrok lockt einst die Leichentaube.

Menja. Weißt Du, wer ihn dem alten Haufen zuschickt?

Fenja. Seine Leichentaube.

Menja. Wer ist seine Leichentaube?

Fenja. Yrsa.

Menja. Seine eigene Tochter?!

Fenja. Ja, die er unwissend blutschänderisch in sein Ehebett zerren wird.

Menja. Steht das in den Sternen geschrieben?

Fenja. Mehr noch als das! Und ich stopfte das Neststroh für sein Ehebett.

Menja. So laß uns eilen. (Sie treten an die Hütte heran.)

Fenja (an die Thür klopfend). Heda! macht auf!

Menja. Es regt sich nichts, Du mußt lauter klopfen.

Fenja (nochmals klopfend). Hört, ihr guten Leute!

Menja. Drücke die Thür ein.

Fenja (an der Thür rüttelnd). Verrammelt wie die Thore des Todes.

Menja. Warten wir, und laß uns inzwischen das Korn mahlen.

(Fenja und Menja setzen sich links an den Felsen, sie nehmen Korn aus den Säcken und mahlen es mit den Handmühlen.)

Fenja. Horch, die heulenden Stimmen in der Luft! Der Seelenwagen knarrt!

Menja. Großmutter Kröte kann nicht mit.

Fenja. Das eben war Bundis Katze. Wem mahlst Du, Schwester?

Menja. Dem König.

Fenja. Auch ich!

Menja. Einst mahlte ich ihm Glück, Reichtum und Frieden. Doch er hat uns Schwankindern die Schwanflügel gebrochen. Zu Küchenmägden hat er uns erniedrigt.

Fenja. Darum mahle ich ihm Mißwachs und Seuchen, Hunger, Zwietracht, Schande und Tod.

Menja (nach einer Pause). Du hörst schon auf?

Fenja. Ich will durch das Totenbrett schauen. (Sie wirft eine Hand voll Mehl in die Luft.) Ei, du lieber Wind, siehe, da hast du Mehl und Salz, ziehe heim in dein Land und backe dir einen Kuchen. (Sie steht in einer Wolke von Mehl.)

Menja. Was siehst Du?

Fenja. Einen bärtigen Hund.

Menja. Und jetzt?

Fenja. Es quirlt zusammen. Drei tote Männer schauen zum Fenster heraus. Der eine hat keine Zunge, der andere hat keine Lunge, der dritte ist verblind und stumm.

Menja (jubelnd). Seine Söhne, seine drei Helden=söhne!

(Grima tritt von rechts auf mit einem Korbe auf dem Rücken und Fischnetzen in der Hand.)

2. Scene.

Vorige. Grima.

Grima. Was schaffen die da?

Menja (zu Grima). Guten Abend, Mutter! Kan helfe Dir bei den Fischen!

Grima. Großen Dank, seid Ihr von den See=
räubern?

Menja. Ja. Man hat uns nach Brot geschickt.

Grima. Da seid Ihr auf dem Holzwege, ich
habe kein Brot.

Menja. Mehl mahlten wir selbst. Wenn Du
nur Feuer und Herd leihst. Du bist doch die
Hausfrau hier?

Grima. Das bin ich.

Fenja. Wie heißt Du?

Grima. Mein Name ist ungewöhnlich, ich
heiße nämlich Grima.

Fenja. Ist Dein Mann abgestorben?

Grima. Noch nicht. Er ist gen Acker gefahren.
Und wie heißt Ihr?

Fenja. Unser Name ist auch ungewöhnlich.
Wir heißen Fenja und Menja.

Grima. Ihr seid in übler Gewähr mit der
Eisenkette da.

Menja. Kriegsgefangene sind wir. Nicht
immer waren wir Küchenmägde. Auf einer Bank
mit Königen saßen wir, ehe Ragnar Lodbrok uns
die Locken abschnitt.

Grima (zitternd). Ragnar Lodbrok! O Weda,
rette uns!

Menja. Er liegt draußen am Strande mit
Heerschiffen. Diese Nacht sticht er in See, darum
müssen wir jetzt Brot backen.

Grima. Gestern noch habe ich's zu meinem
Alten gesagt: Dohlen und Krähen beißen einander
tot — das deutet auf Krieg und Heerung und
Blut und Brand! Wo Ragnar Lodbrok vorbei=
zog, da wächst kein Gras!

Fenja. Hier wächst auch so kein Gras! Willst Du uns den Brotschieber geben? (Sie gehen in die Hütte hinein und fangen an zu backen. Grima bleibt in der Thür stehen und spricht in die Hütte hinein zu den beiden backenden Frauen.)

Menja. Warum thust Du uns nicht helfen, Altmutter?

Grima. Ich bin steinalt. Es ist nichts mit den alten Weibern. Meine Finger sind klamm und steif. Aber ich habe eine junge Tochter, die ist fingerfertig.

Fenja. Eine alleinige Tochter?

Grima. Ja. Sie ist mit dem Vieh auf der Gänseweide zur Mastung. Sie kehrt bald heim und kann Euch helfen.

Fenja. Wie alt ist Deine Tochter?

Grima. Nun ist's dahin mit ihr gediehen, daß ich sie kaum in Gehorsam halten kann.

Fenja. Wie heißt die Dirne?

Grima. Ihr Name ist auch ungewöhnlich, sie heißt nämlich Kraka.

Fenja. Wir alle hier sind ungewöhnlich!

Grima. Ist er unbeweibt, Euer Seekönig?

Fenja. Ihm gefällt kein Milchgesicht, — er liebt die Tote zu sehr.

Grima. Welche Tote?

Menja. Thora. Es sind nun zwanzig Jahre, daß er Brautlauf nach ihr machte. Sie hatten fünf Kinder, vier Knaben und ein Mädchen. Damals zog er nicht auf Raubfahrt. Er war ein großer Opferer und hielt Opferfeste. Er sagte: Freyr und der rothaarige Donner seien seine Freunde. Aber da brachen die Biarmier in's Land und er schickte

den Heerpfeil in die Sedelhöfe. Als er dann fort
war mit den Mannen auf östlichen Wegen, kam
der König von Noreg eines Nachts und umzingelte
Ragnars Burg Hleidra und legte Feuer an die
Königshalle. Nur ein Höriger entkam mit den
drei Königsknaben. Alles Hofvolk verbrannte
jämmerlich.

Grima. Auch Thora, und das Mädchen?

Fenja. So sagt man.

Grima. Ist das lange her?

Menja. Vierzehn Winter werden in's Land
gegangen sein.

Grima (nachdenklich). Vierzehn Winter?

Fenja. Warum fragst Du?

Menja. Der König will es nicht wahr haben,
daß sie tot sei. Als er heim kam, hat er unter
verbranntem Gebälk und Menschengebeinen gewühlt
und wieder gewühlt — die Leichen, die er suchte,
fand er nicht. Seitdem hat er nicht Ruhe, an
keinem Ort. Ein Wikinger heert er in allen Himmels-
strichen, und wird ein Mädchen vor ihn gebracht,
so sieht er ihr prüfend in die Augen: Nein, Du
gleichst nicht Thora! sagt er dann kopfschüttelnd
und wendet sich ab.

Grima. Bei Hel wird er sie wiederfinden.

Fenja. Er ist gefestet, glaube mir, gegen Feindes-
speer und Hagedisenschuß. Wurm und Würmin
bringen nicht in seinen Körper. Nur der Herz-
wurm zernagt sein Herz.

Menja. Sie sterben alle den Liebestod, die
Könige von Hleidra. Auch sein Vater, der Sieger
der Bravallaschlacht, Sigurd Ring, starb, weil er
liebte!

Grima. Ja, ja! das hat seine Richtigkeit! Von dem habe ich gehört. Wie war das gleich?

Menja. Er war der Fürst der Fürsten im Nordlande. Nur die Sterne des Himmelswagens hielt er würdig, seine Trinkgenossen zu sein! So wie sein Sohn Ragnar heutzutage überschattete er die Sonne. Da sah er Alfsol, die Tochter des Königs von Jütland. Er begehrte sie, und war doch ein achtzigjähriger Greis. Ihre Brüder, die sie ihm weigerten, besiegte er. Da vergifteten die Brüder das Mädchen, damit der Greis sie nicht habe. Und Sigurd Ring ließ die Mädchenleiche auf sein Drachenboot betten, geschmückt wie lebend, und er allein bestieg mit ihr sein Skeid = Schiff, einen brennenden Kienspan in der Hand, und segelte hinaus auf die hohe See. Dort legte er Brand an Teer=Holz und Hagedorn, auf denen des Mädchens Leiche lag. Der Wind stand vom Lande. So starb Sigurd Ring mit ihr den Feuer= und Liebestod, und dieses war allberühmt lange nachher.

3. Scene.

Vorige. Yrsa.

(Yrsa tritt von rechts auf. Sie treibt eine Gänseherde vor sich her in den Stall neben der Hütte. Ihr zerrissener Rock geht ihr bloß bis an die Kniee. Ihre Waden und Füße sind nackt, ebenso ihre Arme und ihr Hals. Sie hört den letzten Teil der Unterhaltung mit an, ohne daß es die andern merken.)

Yrsa (laut). Ich habe ihn gesehen.

Grima. Was faselst Du? Wen hast Du ge= sehen?

Menja. Ist die Dirne Deine Tochter?

Yrsa. Den König habe ich gesehen.

Grima. Welchen König?

Menja. Was ist das für ein wacker Mädchen!

Yrsa. Erst muß ich den Kehricht hinter die Stallthüre tragen und das liebe Vieh versorgen, — dann erzähl' ich's!

(Yrsa geht in den Gänsestall.)

Fenja. Sie tritt behende auf Elfenzehen.

Grima. Ja, laufen kann sie wie ein Wiesel.

Menja. Ein holdes Kind.

Grima (geärgert). Die? Häßlich wie die Nacht ist sie und dumm wie die Sünde.

Fenja. Ist sie Deine Tochter?

Grima. Soll ich's dreimal sagen?

(Yrsa kommt aus dem Gänsestall, geht an den Brunnen und wäscht sich Gesicht und Hals.)

Grima (leise zu Yrsa). Ich habe Dir doch verboten, Dich zu waschen.

Yrsa. Du hast mir nichts zu verbieten.

Grima (leise). Ich will, daß Du schmutzig bist! Ich will es! Hörst Du!

Yrsa. Wolle nur! Von der Düne oben sah ich Langschiffe am Strande. Wenn Gäste herkommen, mag ich nicht wie ein Ferkel aussehen.

Grima (leise). Warte! Vater färbt Dir den Rücken blau heute Abend!

Yrsa. Und wenn ich fortlaufe? Lieber ins Wasser gehen, wo es am tiefsten ist, als dieses Leben weiter tragen!

(Yrsa hat sich fertig gewaschen. Jetzt bindet sie ihre Zöpfe los und kämmt ihr langes Haar, das ihr bis auf die Knöchel reicht.)

Menja. Das ist kein Bauernblut! Ihre Haut ist wie lichter Schnee und ihr Haar so lang, daß es rings um sie die Erde berührt.

Fenja (zu Grima). Wie kommst Du zu der Tochter?

Grima. Das ist ungelogen, daß sie meine Tochter ist!

Fenja. Gar ungleich seid Ihr einander! Nie sah ich ein Mädchen so adlig! Und Du bist eine Vogelscheuche!

Grima. Ich habe mich verändert gegen früher. Ich war nicht immer ein Scheusal. Früher stach ich allen Männern in die Augen!

Fenja. Das thust Du auch jetzt noch!

(Yrſa ist fertig mit Kämmen. Sie tritt nun zu Fenja und Menja.)

Yrſa (zu Fenja). Kann ich Euch helfen?

Fenja. Das Brot ist gleich ausgebacken.

Yrſa. Ich will den Brotschieber aus dem Backofen holen.

(Yrſa hilft den beiden Frauen.)

Fenja. Welchen König willst Du gesehen haben?

Yrſa. Den Seekönig.

Fenja. Welchen? Ragnar Lobbrok? Dort drüben am weißen Kliff mit den Heerschiffen?

Yrſa. Ja, den auch.

Fenja. Auch? Welchen sonst noch?

Yrſa. Seinen Vater.

Fenja. Wessen Vater?

Yrſa. Ragnar Lobbroks Vater!

Fenja
Menja (zugleich). Sigurd Ring?

Grima. Sie lügt, daß sich die Balken biegen! Glaubt doch nicht der verlogenen Zunge.

Yrsa. Ja, ich habe König Sigurd Ring ge=
sehen.

Menja. Der ist ja tot, tot seit Jahren!

Grima. Und mit welcher Stirn sie das sagt.

Fenja. Wann hast Du ihn gesehen?

Yrsa. Jetzt eben.

Fenja. Wo das?

Yrsa. Ich stand oben auf der Kesselbüne mit
meinen Gänsen und blickte nieder in die Bucht —
dort nach links hin — wo Ragnar Lodbroks Heer=
schiffe liegen. Lange stand ich so und zählte die
Schiffe. Als ich mich dann umwandte, nach dem
offenen Meere zu, — da sah ich ihn.

Fenja. Auf dem Meere?

Yrsa. Ja freilich. Er stand auf einem halb
verkohlten Langschiffe.

Fenja. Auf der hohen See?

Yrsa. Im Gegenteil. Ganz vorn an der Düne
steuerte das Schiff vorbei. Ich konnte ihn deutlich
sehen.

Fenja. Sprach er mit Dir?

Yrsa. Nein. Seine Augen waren geschlossen.

Fenja. Und er war allein, sagst Du?

Yrsa. Allein mit der Mädchenleiche auf dem
Hagedorn.

Fenja. Die auch? War sie nicht fleischloses
Gebein?

Yrsa. Sie sah aus, als wäre sie heute erst
gestorben.

Menja. Und er?

Yrsa. Neben Ihrer Bahre stand er aufrecht
am Maste. Sein weißer Bart reichte ihm bis an
den Gürtel. Ein Schwert durchborte seine Brust

und ragte aus dem Rücken und war in den Mast=
pfahl gespießt.

Fenja. Du willst sagen, er war mit dem
Schwert an den Mastpfahl genagelt?

Yrsa. Ja, das wollte ich sagen.

Fenja. Und das Schiff war halb verkohlt,
sagst Du?

Yrsa. Ja, halb verkohlt und morsch, mit Staub
und Spinnweb überzogen. Die Segel zersetzt, der
Mast in der Mitte geborsten. Mir war auch so,
als brenne ein Teil des Schiffes noch, — doch
konnte ich es im Sonnenlichte nicht recht erkennen.

Grima. Sie träumt immer wie ein Hase mit
offenen Augen!

Fenja. Das werde ich Ragnar Lodbrok melden.

Grima. Reitet Dich der Sabrach? Soll mir
der rote Hahn übers Dach fliegen? Die Schand=
birne ist ja verlogen, daß es stinkt!

Yrsa. Wenn der König will, erzähle ich ihm
selbst, was ich gesehen!

Grima. Du Lügenbrut wirst noch Vater und
Mutter an den Henker bringen.

Yrsa. Wenn sie es verdienen, — warum nicht!

Menja. Unser Brot ist fertig gebacken. Aber
es ist verbacken.

Fenja. Wir haben auch blaues Brot gebacken
heute. Laß uns aufbrechen.

(Fenja und Menja legen das Brot in die Säcke und machen
sich bereit, fortzugehen.)

Grima. Ihr werdet doch dem König nichts sagen?

Fenja (sie scharf ansehend). Was fürchtest Du,
erträgst Du meinen Blick nicht?

(Grima antwortet nichts und geht brummend in die Hütte
hinein. Sie schließt die Thür hinter sich.)

2

4. Scene.

Vorige, ohne Grima.

Fenja (zu Yrsa). Ist das Deine Mutter?

Yrsa. Nein!

Fenja. Wer sind Deine Eltern?

Yrsa. Ich weiß nicht.

Fenja. Wie heißt Du?

Yrsa. Ich weiß nicht.

Fenja. Heißt Du nicht Kraka?

Yrsa. Nein.

Fenja. Und Du kennst Deinen Namen nicht?

Yrsa. Nein.

Fenja. Ich werde dem König Dein Traum=
gesicht sagen!

(Fenja und Menja ab nach links über die Felsentreppe.)

5. Scene.

Yrsa (allein).

Yrsa. Die Mutter Sonne steigt in ihr goldenes
Bette . . . . Und wenn mich der König rufen
läßt? Werde ich nicht zittern? Aber wird er mich
Bettelmädchen ansehen? Und wenn er mich an=
sieht? Und wenn ich ihm gefalle? Ach! was sollte
ihm an mir gefallen! Aber wenn —? Ich bin
zu bettelstolz, ihm Nebenfrau zu sein. Sein Weib
— ja! Doch wer nimmt mich zum Weibe! Der
Königssohn, den ich erträumte, lebt nur in alten
Liedern. Und wenn er auch käme — das Wasser
wäre ja doch zu tief! (Yrsa setzt sich auf den Rand
des Brunnens und ruft die folgenden Worte laut in den
Brunnenschacht hinunter:) Lieber Brunnen, sage es
mir! Kriege ich einen oder keinen? (lauschend)
einen! Der Brunnen sagt einen! O das ist schön!

(hinabrufend) Wird er beständig sein? Sucht er keiner außer mir zu gefallen? (lauschend) allen! Der böse Brunnen sagt allen! Ach! das geht mir durchs Herz! Und wie ist er? (hinabrufend) Ist er schön? Ist er Witwer? Ist er jung oder alt? Ist er hitzig oder kältlich? (lauschend) ältlich! Ach! ältlich! Böser Brunnen, so war mein Traum nicht! So ist kein Königsohn! (hinabrufend) Wer ist ihm anverwandt? Ist seine Sippe meinesgleichen? (lauschend) Leichen! O weh! Warum frage ich auch den dummen Brunnen! Der schwatzt ja nur Unsinn! (hinabrufend) Wie ist sein Haus? Ist es reich und groß? Hat es Türme und Kammern die Menge? (lauschend) enge! Sein Haus ist enge! Wie wird mir weh ums Herz! Das Echo ist der Ruf der Toten, sagt man. Ich mag gar nicht weiter fragen. (hinabrufend) Ist das Bett aus Tafft, darin ich liegen werde? (lauschend) Erde? Erde? Erde? O läge ich schon in der Erde!

(Yrsa wischt sich die Thränen aus den Augen. Grima tritt aus der Hütte.)

6. Scene.

Yrsa. Grima.

Grima (affectiert freundlich). Rote Augen, mein Herzenstöchterchen? Das hat Dir wohl in die Nase gerochen, das mit dem König? Warum kommt er denn nicht, Dein König?

Yrsa. Laß mich!

Grima. Nun, nun, nicht so unwirsch, Täubchen Kraka! Du wolltest ja fortlaufen. So laufe doch zu ihm, er setzt Dir vielleicht eine Goldkrone auf die Löckchen.

2*

Yrsa (durch die Zähne). Reize mich nicht!

Grima. Das wäre! In Gold und Seide gehen, die Hände in den Schoß legen und faulenzen. Unsere Hundshütte behagt Dir ja nicht! Du bist ja die geborene Frau Königin.

Yrsa (wild). Das bin ich allerdings.

Grima. Nun wird mir's aber doch zu arg. Das Königinsein wird Dir Vater ausprügeln — verlaß Dich darauf! Stockprügel erhältst Du heute Abend. Vierzig auf den Rücken, ich selbst werde zählen!

Yrsa (knirschend). Du wirfst das Beil zu weit! Zu viel melken giebt Blut!

Grima. Daß Dich der Kuckuck. Mir drohen wagst Du? Mir? Deiner Mutter? Das Dein Dank, daß ich Dich aufgefüttert? Warte! Mutter=fluch haftet. Daß Dich das Fieber schüttele! Daß Dir Haut und Haar abfalle! Ich verfluche Dich, daß kein Mann Dich nehme! Wie Drüsen und Beulen wird man Dich meiden, eine verlorene Metze!

Yrsa (aufspringend). In Deinen Hals zurück den Fluch! Du bist meine Mutter nicht, und Ake nicht mein Vater!

Grima (starr vor Staunen). Ich nicht Deine Mutter? Und Ake nicht Dein Vater?

Yrsa (außer sich). Ich habe es satt! Ich habe mich abgeäschert, Eure Magd bin ich gewesen, habe alle schlechte Arbeit gethan, Löffel und Topf bin ich hier gewesen, den Ölgötz mußte ich tragen! Kummer aß ich am Tage und trank Thränen nachts. Und nun — nichts als Krebsschalen! Meine Füße blutig, mein Kleid zerschlissen und zerrissen. Ein herrliches Leben! Und mein Lohn Geschelte und Peitschenhiebe. Ich habe es satt!

Grima. Der Hammer zermalme Dich! Was willst Du damit sagen?

Yrsa. Daß ich alles weiß.

Grima. Was weißt Du?

Yrsa. Das mit der Goldharfe.

Grima (unsicher). Welche Goldharfe?

Yrsa. Weil ich ein fünfjähriges Kind war damals, meint Ihr Mörder, ich hätte nicht Augen und Verstand gehabt? O! meine Augen sahen nur zu gut!

Grima. Was hast Du gesehen?

Yrsa. Daß Du und Ake nachts den Mann erdrosseltet, welcher mich Würmchen im Gehäuse der Harfe hergetragen hatte. Ich weiß auch, wo er verscharrt liegt! Aber ich habe es mir wohlweislich nie merken lassen. Die Frau, die mit ihm war, — das war meine Mutter! Sie sah Dir nicht ähnlich, Grima! Habt Ihr auch sie hingeschlachtet?

Grima. Alles erstunken und erlogen! Ich will an den Galgen, wenn das wahr ist!

Yrsa. Der Galgen ist Dir sicher, früh oder spät.

(Eirek, Fenja und Menja kommen links die Felsentreppe herab.)

7. Scene.

Vorige, Eirek, Fenja und Menja.

(Die Ankommenden werden nicht gleich von Yrsa und Grima bemerkt.)

Fenja (leise zu Eirek). Nun? Hatten wir nicht recht?

Eirek. Ist das ein Erdenkind?

Menja. Auch wir mußten sie fortwährend an=
schauen. Darum haben wir das Brot verbacken.

Eirek. Die Strafe für das verbackene Brot
wird Euch der König erlassen, wenn er dies Bild
sieht. Hat sie geweint?

Fenja. Die Alte mißhandelt sie.

Menja. Wie ihre Augen flackern, ihre Wangen
glühen wie Mohn!

Eirek (laut zu Yrsa). Hat Dir die Vettel ein
Härchen gekränkt?

Yrsa (noch immer knirschend). Sie ist mir spinne=
feind. Aber ich blase ihr was! (Plötzlich erstaunt.)
Wer bist Du?

Eirek. Ich bin der Königsohn.

Yrsa. Du bist der Königsohn?

Eirek. Hast Du Angst vor mir?

Yrsa. Vor Dir!

Eirek. Warum starrst Du mich so an?

Yrsa. Ja, ja, so sah er aus!

Eirek. Wer sah so aus?

Yrsa. Mein Traum.

Eirek. Welcher Traum?

Yrsa. Ein schöner, böser, dummer Traum....
Was willst Du von mir?

Eirek. Dir in die Augen sehen.

Yrsa (die Nase rümpfend). Weiter nichts?

Eirek. O bleibe! Entschlüpfe mir nicht, Du
Wildfang! Der König sendet mich.

Yrsa. Dein Vater? Ragnar Lodbrok?

Eirek. Ja, der König, mein Vater.

Yrsa. Ich bin eine arme Haut. Was fragt
ein König nach mir!

Eirek. Die Mägde haben das Brot verbacken und sollten gestraft werden. Da sagten sie, sie hätten nicht backen können, weil da ein Mädchen war, so sinnberückend schön und klug, daß sie die Augen von ihr nicht lassen konnten.

Yrsa (ungeduldig). Nun? Und?

Eirek. Der König will es nicht glauben.

Yrsa. Er braucht es ja nicht zu glauben.

Eirek. Aber er will Dich sehen.

Yrsa. An mir ist nichts zu sehen. Ich bin ein armes, bettelisch, leibeigen Mädchen.

Eirek. Er wird bald hier sein.

Yrsa
Grima (zugleich). Ragnar Lodbrok?!

Eirek. Die Langschiffe werden hier in der Bucht Anker werfen.

Yrsa. Deine Augen sind tief und rein wie stilles Brunnenwasser. Und doch betrügst Du mich?

Eirek. Warum thust Du mir weh?

Yrsa. Ich weiß nicht, warum ich Dir weh thun möchte. Du thust mir auch weh. Was will der König?

Eirek. Deinen Verstand prüfen.

Yrsa (mit dem Fuß aufstampfend). Als ob ich ein kleines Kind wäre!

Eirek. Der König läßt Dir sagen: Du sollst zu ihm auf sein Drachenboot kommen, nicht ge= kleidet und nicht nackend, nicht gespeist, nicht nüchtern. Du sollst auch nicht allein kommen und doch soll kein Mensch Dich begleiten. Und wenn Du das kannst, will er —

Yrsa. Was?

Eirek (zögernd). Dir gut sein.

Yrsa. Was heißt das: Mir gut sein?

Eirek. Da mußt Du Ragnar Lodbrok selbst fragen. Bist Du bereit?

Yrsa. Ja, ich will das Rätsel treffen. Doch nur, wenn Du mir Sicherheit giebst.

Eirek. Welche?

Yrsa. Frei und rein, wie mein Leib das Schiff betreten, soll mein Leib das Schiff verlassen — sei es lebend oder tot. Schwörst Du mir das?

Eirek. Was sollte Dir geschehen?

Yrsa. Ich weiß, Du bist Deines Vaters und Königs Gebieter nicht! Daher schwöre mir, daß Du mich mit eigener Hand töten wirst, ehe mir Schande geschieht an meinem Blut und Fleisch.

Eirek (zurückweichend). Dich töten? Wie kann ich das!

Yrsa. Dann komme ich nicht aufs Schiff und Du siehst mich nie wieder.

Eirek. Bleibe! Komme aufs Schiff.

Yrsa. Lege Deine Hand in meine und schwöre!

Eirek. Ich setze Dir mein Haupt zum Pfande...

Yrsa. Ich will nicht Dein Haupt. Ich will meine Freiheit. Schwöre!

Eirek. Was soll ich schwören?

Yrsa. Daß Du mich mit eigener Hand tötest, ehe mir Schande geschieht an meinem Mädchenleib.

Eirek (nach einer Pause). Ich schwöre!

Yrsa. Und Du wirst den Schwur halten vor Sonne, vor Mond, vor Wasser, vor Wind und vor allen guten Wichten!

Eirek (wiederholt). Vor Sonne, vor Mond, vor Wasser, vor Wind und allen guten Wichten!

Yrsa. Du siehst traurig aus?

Eirek. Ich?

Yrsa. Thue ich Dir leid?

Eirek (zögernd). Ja.

Yrsa. Ich dachte es mir. Da nimm das
Blümchen. Du willst nicht? Es ist ein Gänse=
blümchen — armselig wie ich. Aber es ist alles,
was ich zu verschenken habe. Sind alle Königs=
söhne solche Kopfhänger? Sei doch ein Mann!
Und nun geh', melde dem König, daß ich kommen
werde, nicht gekleidet, nicht nackend, nicht gespeist,
nicht nüchtern, nicht allein und doch von keinem
Menschen begleitet! (Eirek, Fenja und Menja gehen
nach links ab.)

Fenja (zurückbleibend). Die Alte führt Böses
im Schilde.

Menja. Bleibst Du?

Fenja. Bleibe auch Du, vier Augen sehen
mehr als zwei.

8. Scene.

Yrsa und Grima (ohne Fenja, Menja und Eirek.)

(Yrsa setzt sich auf eine Bank vor die Hütte und stützt ihren
Kopf auf die Arme.)

Yrsa (nachdenkend). Wie mag er es meinen?
Ich muß es herauskriegen!

Grima. Hat sich was, herauskriegen. Da ist
nichts herauszukriegen, der König hat ja die ge=
schwollene Wassersucht im Hirn! Das sieht man!

Yrsa. Ich hab's, ich hab's!

Grima. Was hast Du?

Yrsa. Die ersten beiden habe ich. Warte,
warte . . . .

Grima. Merkst denn nicht, daß er Dich zum
Besten hat, Du dumme Gans? Mit Hohn und

Spott wird er Dich an den Pranger stellen, daß die Schildknechte mit Fingern nach Dir zeigen!

Yrsa. So! Nun habe ich auch das Dritte.

Grima. Du willst doch nicht gar auf das Schiff?

Yrsa. Mir ist ganz leicht um's Herz! So mach' ich's, so mach' ich's.

Grima. Wohin willst?

Yrsa. Zu den Sumpfblumen im Torfmoor. (Yrsa läuft hinter die Hütte nach rechts.)

Grima. Man möchte gelb und grün werden . . . . (Yrsa kehrt zurück mit einer aufgeblühten Lilie in der Hand).

Yrsa. Die wuchs für mich, o wie sie duftet!

Grima. Er führt Dich auf's Glatteis! Schlage meinen Rat nicht in den Wind.

Yrsa (zerstreut). Welchen Rat? (Yrsa geht in den Gänsestall hinein.)

Grima. Breche Dir Ran den Hals ab! (Yrsa kehrt zurück mit einem Schwan auf dem Arme.)

Yrsa. Die Katze niest, das bedeutet nichts Gutes.

Grima. Du Diebin! Stiehlst Du mir auch noch meine Gänse?

Yrsa. Das ist nicht Dein Gansert mit der Federkrone. Das ist mein Schwan! Ich selbst fing ihn mir auf der Düne.

Grima (wütend). Ich will nicht, daß Du auf das Schiff gehst!

Yrsa (lächelnd). Wie willst Du das hindern? (Yrsa geht in die Hütte hinein. Gleich darauf tritt Ake auf von rechts mit einem Reisigbündel auf dem Rücken.)

9. Scene.

Vorige, Ake.

(Es ist nach und nach völlig Nacht geworden.)

Ake. So, da wäre ich! (Ake wirft das Reisig auf die Erde und setzt sich auf die Bank vor der Hütte.)

Grima. Wo hast Du gesteckt? Konntest nicht früher kommen? Was?

Ake. Wieder quarrig? Hast Du nichts zu futtern? Mir knurrt der Magen!

Grima. Laß' ihn nur knurren, Du Trotten=kopf. Die Raben werden ihm das Knurren ver=lernen!

Ake. Welche Raben?

Grima. Vom Holzhacken hast Du keinen Ver=stand! Die Galgenraben, Dummbart! Die Dirne weiß alles!

Ake. Träumst Du?

Grima. Alles weiß sie, sage ich! Verplappert hat sie sich. Sie weiß auch, wo er verscharrt liegt.

Ake. Daß Deine Zunge abfaule! Den Wolf hast Du mir großgefüttert.

Grima. Ich? ich? Du giebst der Hölle zu lachen! Warum hast Du sie damals nicht mit er=schlagen?

Ake. Dazu ist es noch nicht zu spät!
(Irfa tritt aus der Hütte heraus.)

Irfa (an der Thür stehend). Wo ist das Fischnetz?

Grima. Warum?

Irfa. Ich habe es schon.
(Irfa nimmt das Netz und geht wieder in die Hütte hinein.)

Grima. Ohne Schnaufens und Bartwischens — mache es schnell.

Ake. Was?

Grima. Das, was Du wolltest.

Ake. Sie still machen?

Grima. Der König kommt her.

Ake. Was sagst Du?

Grima. Ragnar Lodbrok. Er will sie sehen. Wenn sie ihm gefällt, — dann gnade uns Hel! Der Nachtrabe frißt Dich und mich!

(Ake zieht das Beil aus seinem Gürtel.)

Ake (das Beil prüfend). Mein Beil ist gewetzt und geschliffen!

Grima. Stelle Dich hier links an die Thür, sie kann Dich so nicht sehen, wenn sie herauskommt.

(Ake stellt sich neben die Thür mit erhobenem Beil.)

10. Scene.

Vorige. Fenja und Menja.

(Fenja und Menja erscheinen links oben auf der Felsentreppe.)

Fenja (leise zu Menja). Hast Du alles gehört?

Menja. Ja, jedes Wort.

Fenja. Wir müssen es hindern.

(Fenja und Menja schleichen, ohne daß Ake und Grima es merken, um die Hütte und steigen links durch ein Fenster in die Hütte hinein. Inzwischen füllt sich die Bucht mit Wikingerschiffen. Roter Fackelschein erhellt die ganze Scenerie. Auch die Hütte wird zum Teil erleuchtet.)

Grima. Horch! Schritte! Sie kommt!

Ake. Der Wind raschelte im Dach.

Grima. Aber jetzt. Bist Du bereit?

Ake. Ja.

(Die Thür öffnet sich weit.)

Ake. Ich sehe nichts!

Grima. Schlage zu!

(Ake holt aus mit dem Beil, Fenja und Menja stehen plötzlich in der Thür.)

Fenja (schreiend). Stroh vom Feuer!

Menja. Hieb steh still!

Ake (zurückprallend). Verdammt .... Wer seid Ihr? Schickt Euch die Hölle? (Er läßt das Beil sinken).

Fenja. Ja, die Hölle schickt uns!

Grima. Wie kommt Ihr in die Hütte?

Menja. Wir schlüpften durch's Schlüsselloch hinein!

Grima. Guck einer!

Fenja. Was habt ihr vor?

Ake. Wir? Nichts!

Fenja. Das läßt sich denken. Ist das Beil geschliffen?

Grima. Was wollt Ihr hier? Warum kamt Ihr noch einmal?

Fenja (mit teuflischem Humor). Wir gingen über Feld. Da begegnete uns Alp und Elbin und Elbins Magd. Alp sagte: Blutgülpe! Elbin sagte: Blutstülpe! Und Elbins Magd sagte: Blutstehestill! Darum kamen wir her!

Grima. Verdammte Hexen.

Menja (in die Hütte rufend). Tritt getrost heraus, mein Kind, Du bist gefeit!

Yrsa (aus der Hütte rufend). Ich komme sofort!

(Ragnar Lobbroks Schiff ankert vorn am Strande, in der Mitte der Scenerie).

11. Scene.

Vorige. Ragnar Lobbrok. Eirek. Biorn. Gefolge.

Ragnar. Der Erbe ist bange vor mir. Und dieser sollte nicht bange sein? Auch sie wird vom selben Stoff sein, wie die andern!

Eirek. Das ist sie nicht, mein Vater! Sie hat nichts menschliches an sich. Sie ist wie aus Luft gewebt! Ich sah nie dergleichen!

Ragnar. Du bist sehr jung. Du wirst noch oft sagen: ich sah nie dergleichen. Du hast das Verachten noch nicht gelernt! Sie sind alle dergleichen! Eine wie die Andere. Nur eine nehme ich aus, — doch die ist tot. Der wird auch Dein Fischermädchen das Wasser nicht reichen. Aber wo steckt es denn? Warum läßt man mich warten? Hält man mich zum Narren?

Biorn. Da kommt die kleine Dirne.

(Die Thür der Hütte öffnet sich und Irsa tritt heraus. Fenja und Menja stellen sich im selben Augenblicke vor Ake und Grima, so daß Irsa unbehindert an den beiden Alten vorbeikann. Irsa geht schnell bis an das Schiff. Zwei Balken werden vom Schiff an den Strand gelassen, Irsa geht über die Balken wie über eine Brücke bis an den Rand des Schiffes. Irsa ist vollständig unbekleidet, doch wird ihre Blöße bedeckt von ihrem langen Haar, das ihr bis an die Knöchel geht, außerdem hat sie ihren Körper in ein Fischnetz eingehüllt. Sie trägt ihren Schwan auf dem linken Arm und hat in der Rechten die Lilie.)

Grima. Das hat ihr der Kobold eingeblasen!

Ake. Ein zweites Mal entkommt sie mir nicht!

(Irsa ist am Schiffsrand zögernd stehen geblieben.)

Ragnar. Ist sie in Gold gekleidet?

Eirek. Blos in ihre goldigen Ringellocken!

Ragnar (zu Irsa). Tritt näher.

Irsa. Nein!

Ragnar. Warum nicht?

Irsa. Gelobe mir erst sicheres Geleit zu. Mir und meinem Schwan.

Ragnar (aufbrausend). Wer stellt an mich Bedingungen?

Yrſa. Ich.

Ragnar. Du biſt kühn.

Yrſa. Gelobſt Du?

Ragnar. Ich freſſe nicht die kleinen Mädchen.

Yrſa. Du hätteſt auch einen mageren Braten an mir.

Ragnar. Hört doch die freche Krähe!

Yrſa. Dann lebewohl!

Ragnar. Wohin? Bleib!

Yrſa. Gelobſt Du ſicheres Geleit mir und meinem Schwan?

Ragnar (finſter). Meinetwegen!

Yrſa. Deinetwegen? In Deine Gnade ſetze ich nicht meinen Leib! Schwöre vor Sonne und Mond!

Ragnar. Vor Sonne und Mond!
(Yrſa ſteigt in das Schiff.)

Ragnar (ſie betrachtend). Ein netter Aufzug.

Yrſa. Hab' ich's getroffen? Sieh, mir folgt kein Menſch, und doch bin ich nicht allein! Splitter=nackt bin ich, und doch iſt meine Haut nicht bloß! Ungeſpeiſt bin ich und doch nicht nüchtern. (Sie beißt in die Lilie hinein und kaut die Lilienblätter.)

Ragnar. Du haſt den Schalk im Nacken. Was kauſt Du da?

Yrſa. Rate! (Sie kommt dem König nahe und haucht ihm ins Geſicht.)

Ragnar. Dein Atem iſt berauſchend, wie Lilienduft.

Yrſa. Berauſchend?

Ragnar. Du biſt klug und geſcheit, Du Schelmenauge. Wie heißt Du?

Yrſa. Man nennt mich Krafa!

Ragnar. Setze Dich auf die Bank neben mich, Kraka.

Yrsa. Ich bin ein geringes Mädchen und kann stehen.

Ragnar. Wunderseltsam ...... Ihr seht einander ähnlich ......

Yrsa. Wer?

Ragnar. Du und ..... Ich meine, Du und Dein Schwan! Du bist ausnehmend adlig. Ich habe Gefallen an Dir.

Yrsa. Du gefällst mir auch. Das heißt, jetzt.

Ragnar. Zuerst nicht?

Yrsa. Nein. Zuerst nicht.

Ragnar. Hüte Deine Zunge, Dirne.

Yrsa. Willst Du, daß ich lüge? Ich bin zu nichts gut, aber dazu bin ich doch zu gut.

Ragnar. Wenn Du lügst, so hast Du meinen Zorn. Was mißfiel Dir an mir?

Yrsa. Dein Blick. Du blickst, wie ein gefangener Adler.

Ragnar. Wie ein gefangener Adler?

Yrsa. Du siehst über die Menschen weg und über Deinen Käfig in die blaue Ferne.

Ragnar. Hat man je dergleichen gehört? Bin ich in einem Käfig?

Yrsa. Ich sage es ja, Du siehst Deinen Käfig nicht.

Ragnar. Ha! Sei nicht zu dreist! Ich könnte Dich verwerfen! Vergiß nicht, daß ich mit Dir spiele, wie mit einem Schoßhund. Noch niemand hat gewagt, solches zu mir zu reden! Was nennst Du meinen Käfig?

Yrsa. Deine Schwermut! Sie ist mächtiger als Du. Du träumst von der verlorenen Seelen= freiheit, aber Du kommst von Dir selber nicht los! So blickt ein gefangener Adler!

Ragnar. Und das aus so jungem Munde? Wer hat Dir das eingeflüstert?

Yrsa. Mein kleiner Finger.

Ragnar. Zeige ihn her.

Yrsa (ihre Hände verbergend). Meine Hände sind schwielig und krebsrot vom Arbeiten.

Ragnar. Willst Du gehorchen! Ich liebe nicht Widerspruch.

Yrsa. Gehorchen? Bin ich Dir verknechtet? Frei als Dein Gast habe ich das Schiff betreten.

Ragnar. Meine Langmut ist bald zu Ende. (Er packt sie am Arm.)

Eirek. Vater, thue dem Mädchen nicht weh! Sie zwingen, ist Unrecht.

Ragnar. Wer erdreistet sich? Das Ei war immer klüger als die Henne! Bist noch nicht trocken hinter den Ohren, Gelbschnabel, und wagst so frech dem alten Mann zu sagen, er wäre im Unrecht? Pack Dich Deiner Wege!

Yrsa (zu Eirek). Still! Antworte nicht! Du sollst für mich nicht leiden! Ich kann mich selbst wehren!

Ragnar. Wehre Dich doch!

Yrsa. Nun thust Du mir aber wirklich weh! Das ist nicht königlich!

Ragnar (sie loslassend). Thust Du es freiwillig?

Yrsa. Ja! Hier! Was soll's? (Sie reicht ihm ihre Hände hin.)

3

Ragnar (ihre Hand betrachtend). Solch' eine Hand habe ich nur einmal gesehen! . . . . . Wie kommst Du Bauernmädchen zu der Hand?

Yrsa. Kann ich dafür? Ich denke, eine Hand ist wie jede andere.

Ragnar. Nein! Nein! Das sage nicht! Wie die Menschen werden, so werden die Hände. Nichts unterscheidet Menschen mehr, nichts trennt Menschen mehr. Hände sind ein Spiegel der Seele. Du hast eine seltene Hand.

Yrsa. Ich bin armer Leute Kind!

Ragnar. Man könnte meinen, Du wärst . . . . Sonderbar, ganz dieselben Nägel! Schmale, läng=liche Nägel! Und die Finger dünn, durchsichtig, rosig! Paßt Dir der Ring hier an den Mittelfinger? (Er steckt ihr einen Ring an den Finger.)

Yrsa. Habe Dank! Aber behalte Deinen Ring! (Sie zieht den Ring vom Finger und giebt ihn zurück.)

Ragnar. Was soll das heißen?

Yrsa. Wenn Du fort sein wirst, und andere Leute sehen mich in dürftigen Lappen mit dem Gold am Finger, so werden sie sagen, ich hätte gestohlen!

Ragnar. Du sollst nie mehr in dürftigen Lappen gehen! Frierst Du nicht in Deinem Kleid von Spinnweb? Der Nachtwind weht kalt!

Yrsa. Ja, ein wenig friere ich!

Ragnar (zum Gefolge). Man bringe mir Thoras Brauthemd und Schmuck.

(Männer steigen hinab in das Schiff, um das Verlangte zu holen.)

Biorn. Unserer Mutter Brauthemd und Schmuck?

Ragnar. Wer redet da?

Biorn. Ich Biorn Eisenseite.

Ragnar. Das sehe ich. Und?

Biorn. Unserer Mutter Brauthemb und Schmuck soll man bringen?

Ragnar. Ja, so sagte ich.

Biorn. Für die Bettelbirne da?

Ragnar. Nimm Dich in Acht.

Biorn. Vater, bist Du denn von allen Sinnen? Dein und unser Heiligstes trittst Du in den Staub! Um Deinetwillen rufe ich es Dir ins Gesicht, damit Du es nicht einst bereust!

Ragnar. Du bereust es noch, wenn Du nicht schweigst.

Biorn. Nein, ich will nicht schweigen. Der hergelaufenen Gänsemagd wirf eine Pferdedecke um, das wärmt sie auch! Aber unserer toten Mutter Hemd entweihe und beschmutze nicht an ihrem ungewaschenen Leib.

Ragnar. Verwegener! Mich lehrmeistern, wagst Du? Soll Dich mein Schwert zum Schweigen bringen?

(Ragnar zieht sein Schwert. Yrsa wirft sich zwischen Vater und Sohn.)

Yrsa. Das fehlte noch! Königsblut vergießen um mich Bettelkind! Bin ich das wert?

Biorn (zu Yrsa). Uns zum Fluch setztest Du den Fuß aufs Schiff!

Eirek (zu Biorn). Warum beschimpfst Du sie, Bruder? Was hat sie Dir gethan? Ich habe es verschworen, sie zu schützen und —, bei aller Mädchen Ehre, ich werde sie zu schützen wissen!

Ragnar (zu Eirek). Laß Du die Finger davon!
Ich habe Dich um Beistand nicht gebeten!

Yrsa. Kam ich Euch zum Fluch, so gehe ich
Euch zum Segen!

(Yrsa läuft an den Schiffsrand und ist im Begriff ans Land
zu gehen.)

Ake (leise zu Grima). Sie kehrt uns wieder!
Nun ist sie mir sicher!

Grima. Roß und Eiter auf sie. Des Todes
Pfad ist ihr geebnet.

Ragnar. Haltet sie fest! Ich will sie haben.
Hier in meinen Händen will ich sie haben; wehe
Euch, wenn sie entkommt.

Eirek. Bleibe, Yrsa. Vergiß nicht, was meine
Hand geschworen! Dir geschieht nichts! Ich stehe
dafür ein!

Yrsa. Laßt mich fort. Euch allen zum Segen!

Ragnar. Und wenn ich Dich zum Weib nehme?

(Bewegung.)

Yrsa. Zum Kebsweib?

Ragnar. Zu meinem ehelichen Gemahl!

Fenja (leise zu Menja). Hörst Du?

Menja (nickt). Ja, seine Leichentaube.

Eirek. Kraka!

Yrsa. Was?

Eirek. Ich kann es nicht sagen.

Yrsa. Deine Augen sagen es!

Ragnar (zu Yrsa). Du zögerst?

Yrsa. Keinem zum Fluch will ich geboren sein
und sterben!

Ragnar. Du willst Ragnar Lodbroks Gattin
nicht werden?

Yrsa. Nein.

Ragnar. Höre ich recht?

Yrsa. Ich sagte: Nein!

Ragnar. Nein?

Yrsa. Nein!

Ragnar. Ich will Dir Zeit lassen, Du bist erregt! Überlege es Dir noch dreimal und dann antworte.

Biorn. Vater! Vater! Hast Du unsere Mutter denn vergessen?

Ragnar. Ich habe Deine Mutter nicht vergessen, Knabe!

Biorn. Aber Vater, wie kannst Du der Toten das anthun. Besinne Dich doch auf Dich! Erwache! Du träumst! Es ist ja nicht denkbar! Kein Königskind der Welt war Dir wert, die Tote zu ersetzen. Und diese Hörige, eine Gänsemagd, nimmst Du ins Ehebett und setzest ihr die Krone auf, die die Tote getragen?

Einige Wikinger (sich um Biorn scharend). Ja, Biorn hat recht! Sie ist von niederem Stande!

Ragnar. Was krächzt Ihr Raben, habt Ihr Euch alle gegen mich verschworen?

Einige Wikinger. Sie ist zu niedrig geboren zur Königin.

Ragnar. Ich erhöhe und niedere, — nicht Ihr!

Eirek. Und sie will ja nicht einmal.

Biorn. Ich habe Dir nie widersprochen, mein Vater! Thu ich es jetzt, so thu ich es, weil ich Dich liebe, weil ich nicht will, daß Du Dich unglücklich machst! Bald wird der Rausch verflogen sein, — und Du wirst Dir die Haare ausraufen, daß Du die Tote,

unsere Mutter, vergessen konntest und um solch
eine gar!

Ragnar. Was für eine?

Biorn. Eine, die Dein nicht wert ist!

Ragnar. Wert? Beim rothaarigen Donner,
— wer schafft Werte? Dem Schwedenkönige riß
ich die Krone vom Haupte und setzte einen Hund,
einen räudigen Hühnerhund auf den Schwedenthron,
und ich zwang die Großen des Landes, vor dem
Köter zu knien! Das that ich, Ragnar Lodbrok.
Ich setze und entsetze, ich höhe und niedere, ich
werte und entwerte! Könige habe ich vor meinen
Schlachtwagen gespannt, und Du Knabe wagst mir
zu trotzen? Ha, sieh Dich vor! Sieh Dich vor!
Ein Wort von meinen Lippen, und Du bist nicht
mehr als diese hier!

(Das Hemd und die Schmucksachen werden gebracht.)

Ivars Stimme (aus dem Innern des Schiffes).
Hört, Ihr guten Gesellen, mit den Ohren kann ich
nicht sehen!

Ragnar (weich). Was willst Du, mein Junge?

Ivar (wie oben). Ich will auch das Wunder=
tier sehen!

Ragnar (zum Gefolge). Holt ihn herauf.

12. Scene.
Vorige. Ivar.
(Auf einem Tragsessel wird der lahme Ivar auf das Verdeck
getragen.)

Ivar (zu Yrsa). Ja, ja mich bringen sie hucke=
pack! Ich bin nicht ganzbeinicht weggekommen!

Yrsa. Wer ist das?

Eirek (zu Yrsa). Mein armer Bruder. Er ist so geboren.

Ivar. Wer ich bin? Ich bin der Groß= ohrige! Ein Gliedermännchen, ein Klabautermann, ein Sonnenkalb. Dir mißhagt wohl mein madiges Anlitz?

Yrsa. Wunderlich . . . . . .

Eirek. Was?

Yrsa. Es war ein verkrüppeltes Kind . . . . Oder habe ich das nur geträumt?

Eirek. Wann?

Yrsa. Als ich ganz klein war.

Eirek. Ja?

Yrsa. Nichts. Träume sind Schäume. Ich kann es nicht haschen. Es ist zu schwank. Ich war zu klein damals.

Ivar. Ich bin Dir wohl nicht geheuer?

Yrsa. Warum?

Ivar. Weil ich aussehe wie der dicke Mann, der die Erde gemacht hat.

Yrsa. Den kenne ich nicht.

Ivar. Ich auch nicht. Aber Du verabscheust mich. Das sehe ich Dir an der Nasenspitze an.

Yrsa. Wir passen vielleicht besser zusammen, als Du glaubst!

Ivar. Allererst will ich lachen! Du Wunder von Schönheit und ich schroffige Mißgeburt! Höre, Du hast Grips im Kopf! Aber einem Lahmen soll man nichts vorhinken!

Yrsa. Du bist der einzige, der nichts von mir will. Du bist vielleicht mein einziger Freund.

Ivar. Und wenn ich einen Kuß wollte? Wäre es dann aus mit der Freundschaft?

Yrsa. Nein, ich würde Dich küssen.

Ivar. Mich Kunkelbauch? Mich Kürbiskopf? Mich Froschmaul?

Yrsa. Warum nicht! (Sie küßt ihn.)

Biorn (zu einigen Wikingern). Habt Ihr's gesehen?

Wisbur. Schamlos!

Folkwid. Sie wirft sich jedem an den Hals!

Gyd. Ganz öffentlich!

Wisbur. Ich sage es ja, das ist ihr Gewerbe!

Ivar. Vater . . . .

Ragnar. Was willst Du, mein Junge?

Ivar. Liebst Du mich?

Ragnar. Mein Kind, warum fragst Du!

Ivar. Versprich mir . . . . .

Ragnar. Was?

Ivar. Lasse mich nicht ohne Sonnenlicht.

Ragnar. Kann ich die Sonne haschen, wenn sie sich verbirgt?

Ivar. Du mußt die Sonne an ein Seil binden.

Ragnar. An was für ein Seil?

Ivar. An ein Seil von Liebe. Überschütte sie mit Güte. Heirate sie!

Biorn. Nun auch der noch! Seid Ihr denn alle behext?

Ragnar. Aber wenn die Sonne nicht will?

Ivar. Sie wird wollen. Die Sonne hat das Herz am rechten Fleck. Nicht wahr, Kraka?

Yrsa. Ich weiß nicht. Laßt mir Zeit.

Ivar. Eins fürchte ich, Vater!

Ragnar. Was?

Ivar. Die Mücken.

Ragnar. Die Mücken, mein Junge?

Ivar. Ja, Vater, die Mücken!

Ragnar. Und warum gerade die Mücken? Das sehe ich nicht ein.

Ivar. Lasse Dir Schwalbenaugen einsetzen, so wirst Du mückensichtig.

Ragnar. Soll ich ein Schwarzseher werden wie Du?

Ivar. Besser ein Schwarzseher, als ein Nicht= seher!

Ragnar. Du bist ein ausgesuchter Schelm. Aber zu witzig, ist vorwitzig, mein Junge.

Ivar. Was bläst Dich für Unlust an? Du machst ein Gesicht, als hättest Du Mäuse gefressen, — das ist ein Ekel für Wodan! Ich sehe schon, ohne mich kommst Du nicht hinter die Mücken. Ich muß Dir auf die Sprünge helfen, ich Lahmer an Füßen! Höre also! Vor tausend Jahren oder länger war da einer, der wollte auch die Sonne fangen. Er hatte sie schon in der Schlinge. Aber da flog eine Mücke herbei und stach die Sonne in die Beine. Das that der Sonne so weh, daß sie aufschrie und vor Schmerz davonrannte und immer weiter rannte und rannte. Die Schlinge aber riß.

Ragnar. Schlimm, daß Du recht hast. Dem Adler fällt es schwer, Mücken fangen.

Ivar. Darum setze Dir Schwalbenaugen ein. Doch laß' das Sonnenkind nicht verfrieren, so mutterfadennackt! Wirf der Sonne ein Hembchen über!

Ragnar (zum Gefolge). Wo ist Thoras Hemd?

Ein Wikinger (reichend). Hier ist der weiße Kittel und das Angehenke: Halsring und Nasenring und Drachengürtel.

Ragnar. Aber die Goldschuhe?

Ein Wikinger. Hier sind die Goldschuhe.

Ragnar (zu Yrsa). Willst Du in's Hemd schlüpfen? Es wird Dir stehen. Schaue es Dir an, Mädchen! Silberverbrämt ist dies Hemd, wie aus Sternen genäht. Thora besaß es. Ihre weißen Hände haben dies Gewand berührt. Sie war mir lieb bis zum Tode.

Yrsa. War es Thoras Totenkleid?

Ragnar. Nein, es war ihr Brautkleid; ich schenke es Dir zum Angebinde.

Ivar. Recht so, Vater.

Biorn. Vater! Und wenn die Mutter aus dem Grabe steigt, ihr Eigentum zu fordern?

Eirek. Denke nicht an mich, denke an Dich, Krafa!

Yrsa (zu Ragnar). Deine Gnade geht über mich. Aber Schenken macht Bedenken. Giebst Du mir den Kittel als Totentuch?

Ragnar. Ich gebe ihn Dir als Brauthemd. Und ich binde Dir diesen roten Faden um den Leib zum Zeichen der Verlobung.

Yrsa (den Faden zerreißend). Die Sonne läßt sich nicht binden, und sie verfriert nicht ohne Hemd! Da nimm es zurück! Lieber hüte ich Gänse und Ziegen am Strande, ehe ich Zwang leide.

Ragnar. Du willst nicht Königin sein?

Yrsa. Nur wer selbst frei ist, kann herrschen. Laß mich frei, laß mich jetzt unbehelligt ans Land nach Hause gehen. Und komme morgen zu meinen

Pflegeeltern um meine Hand werben, wie es die Sitte heischt. Komme als Mensch zu mir, nicht als König! Vor dem Manne Ragnar Lodbrok könnte ich zittern, aber vor dem Könige Ragnar Lodbrok zittere ich nicht.

Ake. Das riet ihr das Unheil!

Ragnar (zu Yrsa). Ist das der Bescheid, den Du mir giebst?

Yrsa. Ja.

Ragnar. Dein letztes Wort?

Yrsa. Ja.

Ragnar. Dich werde ich zahm machen. Als Schlafbuhle behalte ich Dich! Lichtet die Anker!

Eirek. Daß ich mißgethan, Vater! Laß das Mädchen an's Land!

Ragnar. Ha! komme mir nicht in's Gehege.

Eirek. Du wirst das Mädchen erst an's Land lassen.

Ragnar. Ich werde? Hörte ich recht? Sagte er nicht: ich werde?

Eirek. Du wirst das Mädchen erst an's Land lassen!

Ragnar. Plagt Dich der Mutwille? Tritt nicht auf den Schatten Deines Königs! Der König könnte vergessen, daß er Dein Vater ist!

Yrsa. Bringe mich aus den wilden Tieren, Eirek! Denke Deines Schwurs!

Biorn. Schicke doch die Dirne zum Kuckuck, Vater! Du treibst ja den Keil in Dein eigenes Fleisch!

Ragnar. Steckt Ihr wieder die Nasen zusammen? Bleibe Du mir wenigstens vom Leibe, Störer! Kappt die Taue! Wir brechen auf!

Eirek (zum Gefolge). Halt! Keinen Hahnenschritt näher! Wir brechen nicht auf!

Ragnar. Willst Du fort! Bist Du rasend?

Eirek. Laß Dir raten, Steinherz! Beim höch=sten Gott, laß Dir raten!

Ragnar. Was schreist Du wie ein Holzweib?

Eirek. Wir brechen so nicht auf! wenigstens nicht, so lange ich am Leben bin!

Ragnar. Das dürfte nicht mehr lange sein.

Biorn. Du mußt den Bogen nicht über=spannen, Vater!

Eirek. Was liegt mir am Leben, wenn mein Vater zum Mädchendieb geworden?

Ragnar. Nichtsnutziger!

Eirek. Ist versprechen nur königlich, nicht halten?

Ragnar. Hört! hört! wie giftigen Hohn er seinem König spricht!

Eirek. Spalte und walte! Aber meine Hand soll nicht meineidig werden wie die Deine. Dem werde ich steuern und wehren!

Ragnar. Der Kamm ist Dir geschwollen, Großprahler. Wartet, die Spitze stumpfe ich ihm!

Eirek. Trinke Dein eigen Blut, nachdem Du mich zum Eidbrecher gemacht hast. Denn auch ich habe das freie Geleit verschworen dem Mädchen und ihrem Schwan!

(**Ragnar** schlägt dem Schwan den Kopf ab und wirft den toten Vogel **Eirek** vor die Füße).

Ragnar. Da hast Du Deinen Schwan!

Yrsa (schreiend). Fort, fort aus den wilden Tieren.

(Yrſa ſpringt über den Rand des Schiffes ins Meer und watet dem Ufer zu. Das Waſſer reicht ihr bis an die Knie. Gleichzeitig ſind Fenja und Menja nahe an das Ufer getreten.)

Ragnar (zu Fenja und Menja). Greift ſie, Mägde, wenn Euch das Leben lieb iſt!

Yrſa (im Meere ſtehend, unſchlüſſig). So muß ich unter die Flut!

Fenja (zu Ragnar). Großmächtiger König, hat ſie ihr Geſicht erzählt?

Ragnar. Laß mich unverworren damit! Packe ſie! Es koſtet Dir den Hals, wenn ſie entkommt.

Fenja. Vergebung, erhabener König, doch es iſt von Wichtigkeit! Frage ſie aus nach ihrem Geſichte!

Ragnar. Nach welchem Geſichte?

Fenja. Ihr iſt der tote Herr erſchienen.

Ragnar. Sigurd Ring?

Fenja. Freilich! Sigurd Ring und Alfſol.

Ragnar. Iſt das wahr, Kraka?

Yrſa. Und wenn es wahr iſt?

Ragnar. Wenn? . . . . . . Ich würde Dir vielleicht vergeben. Erzähle! Schnell, erzähle!

Yrſa. Dir? Du machſt mich lachen! Gieb meinem Schwan das Leben wieder, ſo erzähle ich Dir von Sigurd Ring.

(Yrſa hat während dieſer Worte ſich dem Schiffe zugewandt, ſo daß ſie den beiden Mägden den Rücken zukehrt. Ohne daß ſie es merkt, ſchleichen Menja und Fenja hinterrücks an ſie heran und halten ſie an den Armen feſt. Yrſa ſucht vergebens ſich loszureißen.)

Yrſa (rufend). Königsſohn, wo iſt die Treue? Wo iſt die Treue, die Du mir zugeſchworen?

(Eirek eilt über die Balken ans Ufer.)

Eirek. Verzeih mir meine Treue, armes Kind!

(Eirek zieht das Schwert und verwundet Irsa an der Brust. Irsa sinkt ohnmächtig zusammen.)

Ake. Um so besser!

Grima. Ist sie denn auch wirklich tot?

Ragnar (eilt über die Balken ans Ufer). Das soll Dir vergolten werden, Bube!

(Ragnar zieht sein Schwert.)

Eirek. Schicke mich ihr nach, Vater, dann sind wir vereinigt!

Ragnar (das Schwert erhebend). So fahre in die vier Winde!

(Statt zuzuhauen, läßt Ragnar plötzlich das erhobene Schwert zu Boden fallen.)

Grima. Was ist dem König? Drückt ihn die Trud?

Eirek. Ich will keine Gnade!

Ragnar (stammelnd). Siehst Du denn nichts?

Eirek. Was hast Du? Du fällst!

Ragnar. Mir sträuben die Haare empor.

13. Scene.

Vorige, der Geist Sigurd Rings.

(Das Gespensterschiff steuert in die Bucht und hält nicht weit vom Schiffe Ragnars. Auf dem morschen, halbverkohlten Schiffe ist die unversehrte Leiche Alfsols aufgebahrt. Neben ihr steht aufrecht am Mastbaum der Geist Sigurd Rings, die Brust mit einem Schwerte durchbohrt. Ein Teil des Schiffes brennt und glimmt.)

Ragnar. Scheucht das Seelengespenst fort!

Eirek. Wen?

Ragnar. Den blutenden Nebelfahrer!

Eirek. Was meinst Du!

Ragnar. Dort sieh das blaue Wunder! Wirf ein weißes Tuch über ihn! Er spricht nicht und

lacht nicht. So erdenfahl ist er! Sein weißer
Bart ist noch länger gewachsen. Drei Tropfen
flossen über sein heiliges Antlitz. Hat er nicht die
verglasten Augen geöffnet? Du siehst ihn doch?

Eirek. Wo?

Ragnar (zum Gespenst). Du mußt hart schlafen,
greiser Vater! ist Dir der schmale Totenmund zu-
gegangen, wortkarger Freund? Sag her, hast Du
Hunger nach Seelenspeise? Schwanenblut floß
hier in Strömen. Öffne Deine kalten Kiefern,
trinke Schwanenblut und sprich!

Sigurd Ring. Die drei Blutstropfen, die ich
geschwitzt habe, sind meine Speise.

Ragnar. Thu' mir kund, zirpender Todesgeist,
was führt Dich den Seelenweg zur Niederwelt?

Sigurd Ring. Nicht fuhr ich den Sterneweg,
— die Thüren des Himmels sind mir verriegelt.
Das steinerne Boot der Hel nimmt mich nicht auf.
Ich kann den andern Tod nicht sterben. Ruhelos,
seit ich den Totenschuh an die Füße gebunden,
irre ich mit Hundeseelen auf der Hundestraße und
umschweife das Tanzhaus der Nachschatten. Dort
wachsen Früchte ohne Pflanzen. Ach, meinem
Munde sind sie verwehrt, bis zur Stunde der
Erlösung.

Ragnar. Sage es mir, heimatlose Seele, wann
das ist!

Sigurd Ring. Wenn der Fluch abgewandt
ist oder gewirkt hat.

Ragnar. Welcher Fluch?

Sigurd Ring. Den sie aussprach, die ich den
Blumen gesellte. Sie verfluchte unser Geschlecht!

Ragnar. Bei Himmel, See und Erde, — mich und mein Fleisch und Blut?

Sigurd Ring. Uns alle, mein Sohn! Wir sterben, wenn wir lieben!

Ragnar. Ist das Deine Geisterbotschaft, armer Vater? Du kommst zu spät, meine Liebe ward zum Würmermahl. Das Kind ist tot!

Sigurd Ring. Das Kind lebt. Sie ist gar und ganz!

Ragnar. Sie lebt, sagst Du?

Sigurd Ring. Du wirst sie ins Leben zurück= führen. Verlasse sie nicht, — doch nimm sie nimmer zum Weibe!

Ragnar. Sie nicht verlassen, soll ich?

Sigurd Ring. Erfrage nichts mehr. Der Wurm, der in mir nicht stirbt, folgt Dir als Schutz= geist. Aber die Schutzgeister der Feinde sind in die Landschaft gekommen, und die sind mächtiger als ich! Darum gedenke meiner Worte.

Ragnar. O sage noch, trauernder Schutz= geist . . . .

Sigurd Ring. Der Messer=Wind heult, der rote Hund bellt aus der Tiefe der Gewässer! Lebe= wohl!

(Das Leichenschiff verschwindet mit Sigurd Ring und Alfsol.)

14. Scene.

Vorige (ohne den Geist Sigurd Rings).

Ragnar (zu Eirek). Sieh mich nicht so an. Ich habe meine fünf Sinne noch. Hebe mein Schwert auf.

(Eirek hebt das Schwert auf).

Eirek (das Schwert reichend). Strafe mich, wie ich es verdient.

Ragnar. Ich bin nicht wahnsinnig. Oder glaubst Du's etwa? Das Schwert ist mir nicht entglitten, ich habe es bewußt zu Boden geworfen. Ich brauche Dein Blut nicht! Mein Zornfluch genügt.

Eirek. Mache es aus mit mir, Vater. Ich bettle um das Leben nicht.

Ragnar. Du bist ein Starrkopf, das sehe ich Dir an den Augen an. Von Kindesbein hast Du mir geheuchelt! Zernichtet ist die Liebe! Ich verstoße Dich! Du bist mein Sohn nicht mehr. Fahre hin, da Du nutze bist.

Eirek. Vater!

Ragnar. Schone Deine Worte. (Zu Fenja und Menja). Lebt sie?

Fenja. Sie atmet leise. Die Wunde ist nicht tödlich.

Ragnar. So tragt sie aufs Schiff.

Ake (vorstürzend). Herr und König!

Grima (vorstürzend). Habe Erbarmen, König, sie ist mein einziges Kind!

Ragnar. Wer sind diese Menschen?

Ake. Ich heiße, mit Verlaub zu sagen, nämlich Ake, und diese ist Grima, meine Hausfrau.

Ragnar. Was soll das Mordgeschrei?

Grima. Wir wollen unser krankes Kind pflegen.

Ragnar. Ihr? Schafft Euch beiseite. (Zu Fenja und Menja) Worauf wartet Ihr? Ich habe Euch befohlen, die Kranke auf das Schiff zu tragen! (Fenja und Menja tragen Irsa auf das Schiff. Auch Ragnar steigt auf das Schiff. Am Ufer bleiben nur Eirek, Ake und Grima zurück. Die Anker werden gelichtet, die Wikingerflotte segelt aus der Bucht.)

4

Ake. Verdammt!

Eirek. Vater, scheiden wir so?

Ragnar (vom abfahrenden Schiffe aus). Ich bin Dich müde! Komme mir nie wieder vor die Augen!

(Der Vorhang fällt.)

Zweiter Akt.

In der Königshalle zu Gleibra. Vorn die Unterstube mit dem Hochsitz, im Hintergrunde die Oberstube. Der Hochsitz befindet sich links, daneben eine Thür. Rechts führt eine breite Holztreppe hinauf zu den Schlafzimmern des ersten Stockwerkes, die sich über der Oberstube befinden. Das Vestibül des ersten Stockwerkes wird von einem Holzgeländer eingefaßt. Die Treppe führt schräg empor, unter den Stiegen ein gewölbter Gang, an dessen Ende ein eisernes Thor.

Frühes Morgengrauen. Zu Beginn des Aktes fast völlig finstere Nacht.

1. Scene.

Folkwid, Gyd und Wisbur.

Folkwid. Kam sie?

Gyd. Alles stockstill.

Wisbur. Der Tag ist vor der Thür. Sie schläft heute lange.

Folkwid. Sie ist sonst immer die erste auf.

Gyd. Wir müssen die Ohren steif halten.

Wisbur. Horch!

Gyd. Der Gauch schreit.

Wisbur. Nein, nein! Es klirrte etwas!

Folkwid. Im Getäfel?

Gyd. Eine Maus!

Folkwid. Man sagt, die Löffel klirren nachts, wenn die Seelen Hunger haben.

4*

Gyd. Ich streute ihnen Asche.

Wisbur. Wo nur Biorn bleibt!

Gyd. Er ist ein Zauberer.

Wisbur. Ohne ihn können wir nichts ausrichten.

Folkwib. Ihm wäre es lieber, wir thäten es ohne ihn.

Gyd. Man wird aus ihm nicht klug. Ist er mit uns oder gegen uns?

Wisbur. Mit uns, wenn es gelingt, gegen uns, wenn es mißlingt.

Gyd. Was sollte mißlingen? Darum zünbeten wir ja den Scheiterhaufen für sie, damit keine Blutspur uns verrät.

Folkwib. Und wenn Biorn uns verrät?

Gyd. Der? Er haßt ja das Weibsbild wie wir.

Wisbur. Wenn er sie nicht liebt!

Gyd. Um so mehr wird er ihren Tod wünschen.

Folkwib. Warum zagt er dann?

Gyd. Warum? Weil er die Angel nicht zu früh ziehen will.

Wisbur. Ja, bis es zu spät ist.

Folkwib. Zu spät?

Wisbur. Sie ist hochschwanger. Wenn erst das Kind geboren ist, so nimmt sie der alte Murrkopf zur ehelichen Gemahlin, — Ihr sollt sehen!

Gyd. Sie muß heute noch brennen, ob Biorn will oder nicht.

Folkwib. Ja, sie muß die Scheitern besteigen, denn sie trägt Schuld daran, daß Eirek verstoßen und verschollen ist seit einem Jahre. Die Wellen

haben über ihm gespielt. Weder Stumpf noch
Stiel ist von ihm gesehen worden.

Gyd. Er ist verdorben und gestorben und in
der Hölle begraben ihretwegen!

Wisbur. Was horchst Du?

Folkwid. Die Seelen knarren am Thor.

Gyd. Ich hatte die Roßwacht in der Nacht,
da hörte ich die Vögel lachen.

Folkwid. Eine bliede, stürmische Nacht.

Wisbur. Sie muß heute noch sterben. Sie
ist ein Landverderb. Seit einem Jahr sitzt der
große Heerführer thatlos in Hleidra und kann sie
nicht hassen noch lassen. Ein Weiberknecht ist er
geworden, der Meerfürst. Ist sie erst tot, so wird
er wieder auf Seeraub gehen, um sie zu vergessen.

Folkwid. Der König zieht uns die Haut vom
Leibe, wenn unsere That ruchbar wird; er liebt sie
mit Wahnsinn.

Wisbur. Ruchbar? Das Meer und die Erde
geben Leichen zurück — das Feuer niemals! Aus
der Asche spürt sie kein Geierauge auf!

Folkwid. Sie kommt!

Gyd. Oder Biorn?

Wisbur. Ich höre nur den Wurm klopfen.

Gyd. Ja, der Totenschmied pocht in den Fenster=
rähmen.

Folkwid. Nein, nein, sie ist es wirklich.

Wisbur. Verbergen wir uns. Sie muß hier
vorbei.

(Gyd, Folkwid und Wisbur stellen sich in den gewölbten
Gang unterhalb der Treppenstiegen.)

2. Scene.

Vorige. Yrsa.

(Yrsa tritt aus einer Kammer im ersten Stockwerk und geht
die Treppe herunter.)

Yrsa. Mit ihrem Flügelschlage teilt die Krähe
die Nacht, so daß der Tag zu den Fenstern herein=
bricht. Warum fröstele ich so? Ist es so kalt?
Oder bin ich so schreckhaft? Alles macht mich
zusammenfahren, das knarrende Thor und das Ge=
wimmer des Tages. Was ich nur habe! Das
linke Auge zuckt mir. Auf dem Herde hat sich das
Feuer von selbst entzündet. Besagt das übles?
(Sie ist die Treppe herabgestiegen. Wie sie am Gang vor=
beikommt, stürzen sich die drei Männer auf sie und halten
sie fest.)

Yrsa. Wer seid Ihr?

Wisbur. Deine Richter!

Yrsa. Ich habe niemand was gestohlen.

Gyd. Macht nicht viel Federlesens mit ihr!

Yrsa. Laßt mich los oder ich schreie.

Wisbur. Schreist Du, so bist Du die Schönste
gewesen.

Folkwid. Trotte Dich, eile Dich!

Yrsa. Wohin zerrt Ihr mich?

Gyd. Das wirst Du schon erfahren.

Folkwid. Verflucht! Kann sie kratzen und
beißen!

Wisbur. Knebele ihr den Mund! Fort, fort,
ehe jemand kommt!

(Sie schleppen Yrsa fort. Ab durch das Thor am Ende des
gewölbten Ganges.)

3. Scene.

Biorn. Dann Ragnar.

(Biorn kommt von links in die Unterstube.)

Biorn. Sie sind fort! Soll ich es hindern? Ach nein, es ist ja doch zu spät! Vielleicht war es gut, daß ich zu spät kam. Ich hätte ihren Blick nicht ertragen. Ihre Augen verfolgen mich auch so. Selbst im Dunkel, selbst wenn ich die Lider schließe: immer stehen vor mir diese Augen, große blaue, traurige Augen. Ist das Fernwirkung? Dringt ihr Vorwurfsblick durch die Wände? Ich sehe diese Augen so deutlich vor mir, daß ich sie mit meinen Fingern greifen könnte. Wandern denn Menschenaugen, wie die Seele im Traume wandert? Vielleicht ist sie schon tot und schickt mir die Augen aus Rache!

(Aus der Kammer im ersten Stockwerk tritt Ragnar und lehnt sich über das Geländer.)

Ragnar (hinabrufend). Wer geht da?

Biorn. Ich und zwei Augen!

Ragnar. Ich? Wer ich?

Biorn. Ich, Biorn.

Ragnar. Mit wem sprachst Du?

Biorn. Mit meinen zwei Augen!

Ragnar. Seit wann hältst Du Selbst= gespräche? Was war das für ein Lärm vorhin?

Biorn. Lärm?

Ragnar. Ja, was ging hier vor?

Biorn. Was sollte hier vorgehen?

Ragnar. Mir war doch so.

Biorn. Der Regen prasselt laut aufs Dach.

Ragnar. Nein, nein, es klang wie Krakas Stimme.

Biorn. Wie Krakas Stimme?

Ragnar. Ja, hast Du sie nicht gehört?

Biorn. Krakas Stimme?

Ragnar. Warum fragst Du?

Biorn. Jetzt eben Krakas Stimme?

Ragnar. Nein, vorhin. Hast Du Kraka nicht gesehen?

Biorn. Ich bin Krakas Aufseher und Wächter nicht!

Ragnar. Ich wünsche nicht, daß Du in dem Ton von ihr redest. Das sage ich Dir zum letzten Mal!

Biorn. Was habe ich denn schlechtes gesagt?

Ragnar. Genug! Kein Wort mehr! Ihr zwingt mich! Ihr zwingt mich!

Biorn. Dich hat noch keiner bezwungen und gezwungen, Vater! Und Du glaubst, wir thäten es? Wozu zwingen wir Dich denn?

Ragnar. Zu dem, was Euch unliebsam ist. O, ich weiß nur zu gut, was Ihr Euch in die Ohren flüstert und zischelt! Ihr alle, alle, alle! Sie hat keine frohe Stunde hier durch Euch. Das geht so nicht weiter. Ihr zwingt mich. Wenn Ihr meine Bett= und Tischgenossin nicht achtet, so sollt Ihr vor der Königin Ehrfurcht lernen!

Biorn. Mache sie doch zur Königin! Wider= rate ich etwa? Nachdem Du sie ins Bett unserer Mutter genommen, setze Ihr auch unserer Mutter Krone auf's Haupt. Das bleibt sich nun gleich.

Ragnar. Verschone mich mit Deinen Rat= schlägen. Geh und rufe mir Ivar.

Biorn (an der Thür links). Hier bringen sie ihn schon!

(Biorn ab. Ivar wird von zwei Wikingern hereingetragen und auf einen Schemel neben den Hochsitz gesetzt. Die beiden Wikinger ab. Ragnar geht langsam die Treppe herunter und setzt sich auf den Hochsitz.)

4. Scene.

Ragnar und Ivar (ohne Biorn).

Ivar. Du hast schlecht geschlafen, Vater?

Ragnar. Ich?

Ivar. Oder bist Du unrecht aufgestanden, mit dem linken Fuß?

Ragnar. Ich habe nicht gut geschlafen. Warum fragst Du?

Ivar. Du siehst gräsig aus. Du siehst aus, als hättest Du drei Tage am Galgen gehangen.

Ragnar. Ich hatte schlechte Träume.

Ivar. Mache Dir den Kopf nicht dick damit. Träume sind Trüge.

Ragnar. Wir irren — nicht die Träume!

Ivar. Du hast Anlage zur Narrheit! Was träumte Dir denn?

Ragnar. Mir träumte, ich hätte mir einen Nagel in den Fuß getreten.

Ivar. Du mußt nicht barfuß schlafen! Weiter nichts?

Ragnar. Mir träumte auch von Kraka.

Ivar. Daß Du sie geheiratet?

Ragnar. Laß das. Davon will ich nichts hören!

Ivar. Beileibe nein! Also heirate sie nicht! Ich fasse mich selbst am Nasenzipfel und widerrufe! Verdrießt Dich das auch?

Ragnar. Treibst Du Schelmerei mit mir?

Ivar. Ist das Schelmerei, wenn ich Kraka das Beste wünsche?

Ragnar. Du bist ein Plagegeist!

Ivar. Und Du bist ein Eiszapfen, man könnte aus Dir weissagen!

Ragnar. Was willst Du aus mir weissagen?

Ivar. Die Thränen, die Kraka noch ver= gießen wird.

(Durch das Thor im gewölbten Gang kommt Rognvald atemlos hereingestürzt.)

5. Scene.
Vorige. Rognvald.

Ragnar. Was ist das für ein Gerufe und Geschreie?

Rognvald. Vater! Hilf! Rette!

Ragnar. Wen?

Rognvald. Sie kommt erbärmlich um!

Ragnar. Wer?

Rognvald. Sie stirbt den Feuertod!

Ragnar. Den Feuertod? Wer?

Rognvald. Ich weiß kaum von meinen Sinnen!

Ivar. Das scheint so. Von wem redest Du?

Rognvald. Sie ist eine Tote.

Ragnar. Nun verliere ich bald die Geduld! Wer?

Rognvald. Kraka!

Ragnar. Possen!

Rognvald. Sie war an einen Pfahl gebunden, und Scheite Holz unter ihren Knieen angesteckt. Folkwid und Wisbur haben das gethan! Als ich sie brennen sah, lief ich so schnell ich konnte hinzu, aber ich war zu weit entfernt, ihr sogleich beizustehn. Inzwischen kam einer und riß die brennenden Scheite auseinander und löste Kraka vom Pfahl. Er hat Folkwid und Gyd erschlagen! Aber Wisbur entkam.

Ragnar. Und er?

Rognvald. Ich verlor ihn aus dem Gesichte!

Ragnar. Kanntest Du ihn?

Rognvald. Ich war zu weit. Und doch . . . Vater! Wenn es Eirek wäre!

Ragnar (ohne darauf zu antworten). Wo blieb Kraka?

Rognvald. Sie rannte in ihren brennenden Kleidern wie ein scheu gewordenes Irrlicht dem Schlosse zu. Schnell, komm, wir müssen sie suchen!

Ivar. Riecht Ihr den Brandgeruch?

(Yrsa eilt von rechts herein und fällt vor dem Hochsitze an den Stufen zu Boden. Ihre Kleider brennen lichterloh.)

6. Scene.
Vorige. Yrsa.

Ragnar (zu Rognvald). Mache mir den Mantel los.

Rognvald (ihm den Mantel losknöpfend). Die Schnalle . . . .

Ragnar. Reiße die Schnalle herunter.

Ivar. Nimm meinen!

Rognvald. So . . . es geht . . .

(Ragnar wirft sich über Yrsa und löscht mit seinem Königsmantel Yrsas brennende Kleider.)

Ragnar (zu Yrsa). Hast Du Schmerzen?

Yrsa. Nicht sehr.

Ivar. Ist alles gelöscht?

Rognvald. Sprich doch den Feuersegen, Vater!

Ivar. Der Ärmel glimmt noch, dort rechts, siehst Du?

Ragnar. Wo hast Du Schmerzen?

Yrsa. Nichts. Es vergeht schon.

Ragnar. Hier an der Schulter?

Yrsa. Nein, aber ich fürchte, es wird mir nicht gut bekommen!

Ragnar. Du meinst . . .?

Yrsa. Ja. Der Schreck.

Ragnar. Willst Du Dich nicht zu Bett legen?

Yrsa. Es vergeht schon. Laß mich hier zu Deinen Füßen liegen.

Ragnar. Liegst Du so bequem?

Yrsa. Bemühe Dich nicht, Ragnar! Ich bin ja nicht krank. Die Schmerzen lassen schon nach. (Ragnar setzt sich wieder auf den Hochsitz, während Yrsa an den Stufen liegen bleibt. Die Scene füllt sich mit Männern und Frauen.)

Ragnar (zum Gefolge). Schafft mir Wisbur! Doch nicht als Leiche. Dafür steht Ihr mir!
(Mehrere Wikinger ab.)

Ragnar (zu Yrsa). Und Du hast wirklich keine Brandwunden?

Yrsa. Wenn ich's Dir doch sage, Ragnar!

Ragnar. Deine Ringellocken feuerversengt und ausgerissen. Ein Dolchstich für jedes Haar wäre nicht Rache genug.

7. Scene.

Vorige. Wisbur.
(Wisbur wird gefesselt hereingeführt.)

Ivar. Da kommt die Schmeißfliege.

Ragnar (zu Wisbur). Du hast in meinen Ein=geweiden gewütet. Rechtfertige Dich, Ruchloser!

Wisbur. Wozu!

Ivar. Er meint, Raben baden sei umsonst.

Ragnar. Willst Du mir Red' und Antwort stehen?

Wisbur. Antwort? Worauf?

Ragnar. Gestehst Du die Mordschuld?

Wisbur. Den Mord — ja, die Schuld — nein!

Ragnar. Schönredner, willst Du Worte ver= drehen? Du bist ein Meister darauf — aber mir nicht! Dich werde ich unter den Fuß bringen! Leugnest Du Deine Schuld?

Wisbur. Ganz gewiß, denn ich sann darauf, Dich zu retten.

Ragnar. Sinne darauf, Dich selbst zu retten! Ich bin über Deinem Halse!

Wisbur. So richte mit blindem Haß, Zorn= wütiger! Ich verzichte meines Lebens.

Ragnar. Das Kind soll haben, wonach es schreit! Ich hänge Dich vor's Thor. Aber erst, wer waren Deine Spießgesellen? Heraus damit!

Wisbur. Ich hatte keine Spießgesellen.

Ragnar. Das lügst Du in Deinen Hals hinein! Folkwid und Gyd, die Toten, zeugen wider Dich!

Wisbur. So frage doch die Toten aus. Die Toten lügen nicht.

Ragnar. Auch Du bist schon ein Toter! Heraus, ohne Umschweife! Wer hatte sonst noch Teil an Deinen Tücken und Ränken?

Wisbur. Niemand!

8. Scene.

Vorige. Biorn.

Biorn (vortretend). Ich hatte Teil daran, Vater.

Ragnar. Du bist nicht gefragt!

Wisbur. So wahr ich schuldig bin, so wahr ist Biorn schuldlos, König!

Ragnar. Du schuldig? Du hast Dir selbst Dein Urteil gesprochen.

Biorn. Auch mir hat er es gesprochen!

Ragnar. Ich bin taub, Biorn, mache mich nicht hörend!

Biorn. Ich will nicht besser scheinen, als ich bin!

(Ragnar zerbricht einen Stab und wirft ihn Wisbur vor die Füße.)

Ragnar. Bade in der Hölle, Du Mordhund! Dein Weib sei Witwe, Deine Kinder Waisen! Du sollst haben, was Dir unbehaglich ist! Nicht den lichten Galgen! Nein, nein! Verschmachten sollst Du! Fort! In die Schlangengrube mit ihm! Daß das giftige Gewürm ihm das Hundeherz aus den Rippen nage!

Gefolge (mit Entsetzen). In das Schlangenloch!

Yrsa (zu Ragnar). Sei milde, Liebster! Nicht das meinethalb.

Wisbur (zu Ragnar). Schneide mir den Blutaar in den Rücken — ich werde nicht zucken. Aber den Schlangen geht ein alter Schildknecht wie ich gern aus dem Wege.

Ragnar. Und doch sind sie Dir verwandt, Du Schlangenzunge! Fort mit ihm!

(Wisbur wird fortgeführt.)

9. Scene.

Vorige (ohne Wisbur).

Biorn. Vater, ich warte auf Deinen Richt=
spruch! Ich habe ein Recht auf Deinen Richtspruch.

Ragnar (schweigt).

Biorn (nach einer Pause). Du würdigst mich
keiner Antwort? Bin ich den Tod nicht wert?
Habe ich mir mein Anrecht auf den Tod nicht
ehrlich erworben? Du solltest doch froh sein!
Du willst nur Augendiener — so habe denn
welche! Dir weichen die Steine, sie ebnen sich
vor Dir! Schaffe auch mich aus dem Wege, oder
ich trete Dir in den Weg!

(Pause.)

Ragnar (schweigt).

Biorn. Bist Du zum stummen Fische ge=
worden? Warum schweigst Du so blutfinster?
Warum stierst Du in die Ecke? Wagst Du's nicht, mir
Auge in Auge zu sehen? Stehe ich etwa an Richters
Statt, — nicht Du? Oder fürchtest Du, Furchtloser,
für Dich und für mich? Vor Dir selbst wirst Du
Dich nicht retten und wirst mich vor mir nicht
retten. Es sei denn, Du überwindest Dich und
mich. Trotz für Trotz. Zorn für Zorn. Liebe
für Liebe! Reiße die Wand nieder, die zwischen
uns steht! Befreie das Volk vom Fluch, der auf
uns lastet. Jage die niedrig geborene Bettelmagd
in die Fischerhütte zurück, wohin sie gehört. Werde
wieder König, der Du Knecht Deiner Lüste ge=
worden! Werde wieder Held, der Du ein Schwäch=
ling geworden! Werde wieder Hüter des Reiches,
der Du ein Frauenhüter geworden! Und die
Dirnenliebe, die Du verlierst, wird Dir durch

Kindesliebe und Volkesliebe tausendfach ersetzt
werden!

(Pause.)

Ragnar (schweigt).

Biorn. Du schweigst? Du bleibst taub?
Muß ich Dich also hörend machen? So höre
denn, Vater! Ich, ich selbst habe den Scheiterhaufen geschichtet für Deine Buhle! Die drei anderen
waren meine Werkzeuge, der Urheber war ich.
Und wahrhaftig, der Plan war gut, nur die Aus-
führung war schlecht. Das werde ich nächstens
besser machen. Daher mache mich zur Leiche, —
oder sie liegt eine Leiche, früher als Du denkst!
Denn daß Du's weißt: das Volk seufzt und hält
Dich für wahnsinnig. Des Fürsten Macht ist des
Volkes Wille. Schau zu, daß der Volkswille nicht
nach einem Arzte schreit!

Ragnar. Nach Dir?

Biorn. Warum nicht!

Ragnar. Warum nicht nach einem neuen
König?

Biorn. Auch das!

Ragnar. So trage die Krone, Du Herr und
König!

(Ragnar reißt sich die Krone vom Haupte und wirft sie Biorn
vor die Füße.)

Biorn. Du bist ja lustig aufgelegt, Vater!

Ragnar. Willst Du die Krone nicht aufheben
und Dir aufs Haupt setzen?

Biorn. Von Herzen gern.

(Biorn setzt sich die Krone aufs Haupt.)

Ragnar. Wer ist nun König — Du oder ich?

Biorn (schweigt).

Ragnar. Ist das Schweigen an Dir? Laß doch sehen, wem sie gehorchen! Bindet ihn!

(Biorn wird gefesselt.)

Biorn. Schreite Deine Blutbahn!

Ragnar. Ei! Bin ich wirklich noch König? Man gehorcht mir ja! Weder Feder noch Klaue wollt Ihr mir lassen! Aber Ihr bebt doch noch vor mir! Bringt ihn fort, daß sein Atem die Luft hier nicht mehr verpeste!

Yrsa. Er ist Dein Sohn, Ragnar! Du hast schon einen Sohn verloren!

Ragnar. Schafft ihn fort.

Ein Wikinger. Wohin?

Ragnar. Wohin er gehört!

Ein Wikinger. Wie meinst Du das, Herr? Wohin?

(Ragnar springt auf und macht mit seinem Arm eine wilde fortscheuchende Bewegung. Alle flüchten scheu den Ausgängen zu. Biorn wird abgeführt.)

Ivar. Nehmt mich mit. Hier ist es schwül.

(Ivar wird hinausgetragen. Die Bühne leert sich schnell. Nur Ragnar und Yrsa bleiben zurück.)

10. Scene.

Ragnar und Yrsa.

Yrsa (nach einer Pause). Ragnar!

Ragnar. Willst Du nicht auch hinausfliehen wie die andern?

Yrsa. Nein, Ragnar. Aber der Atem stockt mir im Halse.

Ragnar. Vor Furcht?

Yrsa. Nein. Vor Kummer. Darf ich mich auf Deinen Schoß setzen?

Ragnar. Ja.

5

Yrsa. Darf ich die Arme um Deinen Hals schlingen?

Ragnar. Ja.

Yrsa. Warum sind wir nicht glücklich, Ragnar?

Ragnar. Frage die Sterne, nicht mich!

Yrsa. Du liebst mich und ich liebe Dich. Und doch wäre uns beiden besser, wir hätten uns nie gesehen und nie gesprochen!

Ragnar. Für Dich vielleicht!

Yrsa. Auch für Dich!

Ragnar. Ich kann ohne Dich nicht leben, Kraka!

Yrsa. Du mußt es lernen, Ragnar.

Ragnar. Was?

Yrsa. Ohne mich leben.

Ragnar. Wie meinst Du das?

Yrsa. Laß das Gewitter verziehen auf Deinem Gesicht. Gieb mir die Hand. Höre mich ruhig an. Und nicht wahr, Du wirst mir nicht böse sein?

Ragnar. Worüber?

Yrsa. Über . . . . Nämlich, sieh mal . . . . . Ich bin ja Dein Unheil, Ragnar.

Ragnar. Und wenn Du mein liebes Unheil bist?

Yrsa. Du sollst nicht unselig werden meinet=halb. Laß mich gehen.

Ragnar. Gehn?

Yrsa. Laß mich die kostbaren Kleider austhun und als Bettlerin zu meinen Gänsen zurückkehren.

Ragnar. Ist das Dein Ernst?

Yrsa. Mein voller Ernst. Wische mich aus Deinem Gedächtnis, und das Glück wird heller scheinen.

Ragnar. Dein Glück?

Yrsa. Deins, — nicht meins! Mir scheint kein Stern mehr. In mir ist es Nacht! Still und krank werde ich hinlöschen schon auf Erden wie die Toten bei Hel: ohne Kummer und ohne Glück!

Ragnar. Und hast Du das Herz, mir das anzuthun?

Yrsa. Ich habe kein Herz mehr, Ragnar. Das ausgestandene Herzeleid hat mir das Herz aufgezehrt.

Ragnar. Stirb bei mir, wenn Du sterben mußt und willst.

Yrsa. Ich bin schon gestorben, Ragnar! Was von mir blieb, bin ich selbst nicht mehr. Wo blieb mein Lachen? Es hat mir in die Blumen geschneit, Ragnar!

Ragnar. Ich ward Dir zum Eiswind. Wenn ich das von mir bringen könnte! Warum kann ich es nicht? Weil Menschen lispeln und wispeln? Weil Gespenster aus dem Thor der Träume steigen? Was frage ich nach Menschen= und Totenseelen? Ich hätte nie danach fragen sollen! Werde mein Weib, Kraka.

Yrsa. Dein Weib kann ich nicht werden!

Ragnar. Warum nicht?

Yrsa. Es ist zu spät. Der Ast bricht unter mir. Laß mich fallen, Ragnar. Sonst reiße ich Dich mit in den Abgrund.

Ragnar. Ich bin Mannes genug, Dich zu halten, und sollte die Welt um uns in Trümmer gehen!

5*

Yrsa. Ich mag kein Glück auf Trümmern,
Ragnar.

Ragnar. Es giebt kein Glück ohne Trümmer.
Du wirst umdenken lernen, wenn erst das Kind
geboren! Ist es ein Knabe, so schließe ich die Ehe
mit Dir! (Er steigt die Treppe rechts hinauf.)
(Pause.)

Yrsa (plötzlich ihm nachrufend). Und wenn ich nicht
will, Ragnar?

Ragnar (oben auf der Treppe stehend). Du wirst
wollen!

Yrsa. Wenn es ein Mädchen ist?

Ragnar. So folgt es der ärgeren Hand.

Yrsa (trotzig). Dann wünsche ich, daß es ein
Mädchen ist!

(Ragnar ab in eine der Kammern des ersten Stockwerkes.)

11. Scene.

Yrsa allein, dann Eirek.

(Eirek tritt durch die Thür links unten herein, ohne von
Yrsa bemerkt zu werden. Er sieht sich in der Halle um und
erblickt Yrsa, wie sie zusammengekauert an den Stufen des
Hochsitzes sitzt und vor sich hinstarrt. Er tritt leise hinter sie
und hält ihr mit beiden Händen die Augen zu.)

Yrsa (erschreckt). Wer ist das?

Eirek. Rate!

Yrsa. Du?

Eirek (die Hände von ihren Augen nehmend). Ja, ich!

Yrsa. Wahnwitziger.

Eirek. Stiefmütterchen! Bist Du's wirklich?
Welches Unglück hat Dich gehabt, daß Du so krank
und bleich bist?

Yrsa. Das Unglück, daß ich in mir trage.
Ich bin die Pest, die Euch alle verseucht hat.
Darum geh und meide mich!

Eirek. Der Kranke meidet den Kranken nicht.

Yrsa. Du bist in Königes Bann, landflüchtig und vogelfrei! Wenn man Dich findet!

Eirek. Darum kam ich, damit man mich findet!

Yrsa. Du wärst Haut und Haar ledig! Geh, ich bitte Dich, geh! Dein Vater zürnt Dir.

Eirek. Ich werde seine Liebe wiedergewinnen!

Yrsa. Wenn Du das könntest! Doch mein Herz will Dir nicht entgegenlachen. Der Alp kroch durchs Schlüsselloch herein. Mir bangt um uns.

Eirek. Verbösern kann sich unser Los nicht mehr, vielleicht verbessern.

Yrsa. Das dachte ich oft. Und es kam doch noch schlimmer! Wo warst Du all die Zeit?

Eirek. Über alle Wasser bin ich gestiegen, und ich konnte Dich nicht vergessen.

Yrsa. Was hat Dich hergebracht?

Eirek. Das Heimweh, Kraka. Ich liebe!

Yrsa. Laß alle Hoffnung fahren, Eirek!

Eirek. Warum, Kraka?

Yrsa. Weil ich Ragnars bin mit Seele und Leib. In der Hölle der Schmerzen habe ich ihn lieben gelernt. So kettet das Glück nie zusammen.

Eirek. Du haßtest ihn einst?

Yrsa. Den Frauenverächter haßte ich. Und doch reizte es mich, ihm zu gefallen. Ich wollte ihn zwingen, anders von den Frauen zu denken. Ich wollte ihm Hochachtung vor mir abtrotzen.

Eirek. Dann haßtest Du ihn schon damals nicht, Kraka.

Yrsa. Möglich! Ich weiß es nicht. Das merkte ich ja, daß er kein gewöhnlicher Mann war.

Eirek. Du machst es mir leicht, Dir etwas zu sagen.

Yrsa. Was?

Eirek. Daß Du meine Sehnsucht warst, seit wir uns zum ersten Mal in die Augen geblickt.

Yrsa. Ich verstehe nicht . . . .

Eirek. Du warst meine Liebe, Kraka, dieses lange Jahr hindurch.

Yrsa (fast weinend). Ich habe Dich doch so gebeten, Eirek! Wie Du auch bist! Laß, ich will nichts mehr hören. Geh fort, oder ich muß fort= gehen. Wir waren so gute Freunde! Nun ver= dirbst Du alles!

Eirek. Laß mich doch ausreden.

Yrsa. Nein, Du sollst nicht ausreden.

Eirek. Ich liebe jetzt eine andere, Kraka.

Yrsa. Eine andere?

Eirek. Eine, die Dir gleicht, wie Dein Bild im Spiegel. Nur daß sie schwarze Augen und dunkles Haar hat. Aber sie hat Dein ernstes Mündchen und Deine kluge Stirn und Deine schmalen Wangen und Deinen Elfengang. Man könnte meinen, Ihr seid Schwestern, so ähnlich seht ihr einander. Du bist wohl klüger als sie, doch sie ist ja jünger. Ich fand Dich in ihr wieder. Ich liebe Dich in ihr.

Yrsa. Was bist Du noch für ein Kind, Eirek. Wer ist sie?

Eirek. Sie ist eine Königstochter. Ich weilte diesen letzten Winter am Hofe in England. Sie ist die Tochter des Königs Ella von England.

Yrsa. Wie heißt sie?

Eirek. Aslaug. Oh, sie wird Dir gefallen, wenn sie herkommt.

Yrsa. Sie kommt her?

Eirek. Sie und ihr Vater und ihre Mutter. Ja, auch ihre Mutter. Das ist eine seltene Frau, ihre Mutter. So wie ich Dich kenne, wirst Du sie anbeten.

Yrsa. Wen? Aslaugs Mutter?

Eirek. Ja. Ein Strom von Güte strahlt von ihr aus.

Yrsa. Wie heißt sie?

Eirek. Oluf.

Yrsa. Oluf? Ich habe nie von ihr gehört. Und die alle kommen als Gäste zu uns, sagst Du?

Eirek. Die Flotte hat schon geankert draußen.

Yrsa. Welcher Wind führt den König von England her?

Eirek. Ella kehrt heim von einem Kriegszug nach Noreg. Und Oluf bat ihn, hier zu landen.

Yrsa. Wie kommt Oluf dazu?

Eirek. Sie will, daß Ella mit Ragnar rede.

Yrsa. Ich verstehe nicht. Über was?

Eirek. Über Dich, Kraka.

Yrsa. Über mich?

Eirek. Ja, über Dich. Und ich möchte das hindern.

Yrsa. Hindern, daß König Ella über mich rede?

Eirek. Ja.

Yrsa. Das regt mich auf. Warum sprichst Du in Rätseln? Sage doch gerade heraus, was Du auf der Seele hast.

Eirek. Ich bringe es nicht über die Lippen, Kraka.

Yrsa. Du bist doch ein erwachsener Mensch. Stelle Dich nicht an. Um was handelt es sich?

Eirek. Ich komme mir selbst erbärmlich vor, Kraka.

Yrsa. Nein, bist Du kindisch! So sage es der leeren Wand, wenn Du es mir nicht sagen willst! Liebt Dich Aslaug nicht?

Eirek. Aslaug liebt mich, wie ich sie liebe. Aber ihre Eltern weigern sie mir.

Yrsa. Weil Dein Vater Dich verstoßen hat?

Eirek. Nein, deshalb nicht!

Yrsa. So — nun verstehe ich. Es schwante mir schon das! Also darum wollte König Ella mit Ragnar über mich reden?

Eirek. Ja, darum.

Yrsa. König Ella kann sich die Mühe sparen. Ich werde Eurem Glück nicht im Wege stehen! Du sollst Deine Aslaug heiraten.

Eirek. Das will ich nicht, Kraka.

Yrsa. Du willst Deine Aslaug nicht heiraten?

Eirek. Doch! Aber mein Heil soll mit Deinem Unheil nicht erkauft sein!

Yrsa. Weißt Du einen anderen Ausweg?

Eirek. Aslaug liebt mich so sehr, daß sie bereit ist, mit mir zu fliehen. Ich entführe sie.

Yrsa. Sie ist also eben solch ein Kind wie Du. Da muß ich schon die Vernünftige sein. Übrigens hatte ich den Entschluß gefaßt, noch ehe Du kamst.

Eirek. Welchen Entschluß?

Yrsa. Zu meinen Gänsen zurückzukehren. Die verachten mich wenigstens nicht.

Eirek. Dich verachtet niemand.

Yrsa. Du machst mich lachen. Woran stößt sich denn König Ella?

Eirek. König Ella ist ein schwachsinniger Greis. Oluf denkt anders.

Yrsa. Damit giebst Du zu, daß Ella mich über die Achsel ansieht?

Eirek. Laß die Menschen mit Schmutz nach Dir werfen. Du stehst zu hoch, Kraka. Es trifft Dich nicht! Es fällt auf sie zurück.

Yrsa. Also man wirft mit Schmutz nach mir? Gut, daß ich's nun weiß. Ei, und Du sagtest eben, mich verachte niemand? Was habe ich ver= brochen?

Eirek. Nichts.

Yrsa. Nichts? Das ist wenig. Ich wollte, es wäre so wenig. Wirft man mir sonst nichts vor?

Eirek. Nur Deine Geburt.

Yrsa. Nur? Die wirft man mir also vor?

Eirek. Ich nicht, aber die andern.

Yrsa. Bin ich von niederer Geburt?

Eirek. Ja, Kraka, das bist Du freilich. Aber ich achte Dich trotz alledem!

Yrsa. Trotz alledem? Danke.

Eirek. Manche Königin könnte von Dir Bettlerin lernen.

Yrsa. Wirklich? Immer besser!

Eirek. Warum lachst Du so?

Yrsa. Darf ich nicht lachen?

Eirek. Dein Lachen klingt trotzig, Kraka.

Yrsa. Weil Du mich trotzig gemacht hast mit Deinem Mitleid. Ich werde nicht zu meinen Gänsen zurückkehren. Jetzt will ich bleiben. Ich werde von Ragnar fordern, daß er mich zu seiner Gattin und zur Königin macht.

Eirek. Zur Königin?

Yrsa. Jawohl, zur Königin! Denn ich bin nicht, wofür Ihr mich haltet. Ich bin so hoch= geboren, wie irgend eine! Ich bin ein Königskind!

(Ragnar, der von der Balustrade des ersten Stockwerkes aus den letzten Teil dieser Unterhaltung mitangehört hat, kommt jetzt die Treppe herab).

12. Scene.

Vorige. Ragnar.

Ragnar (zu Eirek). Ha! Finde ich Dich hier?

Yrsa. Himmel!

Eirek. Ich kam um Vergebung bitten, Vater.

Ragnar. Ich habe Dich verworfen! Wie wagst Du's, mir unter die Augen zu treten.

Eirek. Du liebst mich ja doch, Vater!

Ragnar. Du hast in meinen Augapfel ge= griffen, Entarteter!

Eirek. Habe ich es nicht gebüßt? Soll ich es nie erbüßen?

Ragnar. Du bist noch immer halsstarrig, wie ich merke.

Eirek. Vater, ich war Dein Liebling bis zu jenem Unglückstag!

Ragnar. Was kümmert uns der Schnee vom vorigen Jahre? Du bist mein Erzfeind geworden! Den Schlaf hast Du mir gestohlen und verhohlen!

Eirek. Wer Dir den Schlaf stiehlt, kann Dir nicht gleichgültig sein.

Ragnar. Deine Zunge geht auf Stelzen. Du bist mir ganz gleichgültig. Du bist schlecht, tot und nichts. Mit Dir kann man keinen Hund vom Ofen locken.

Eirek. So wäre es Dir lieber, die Wellen hätten mich verschlungen, Vater?

Ragnar. Besser einen toten, denn einen un= gezogenen Sohn haben.

Yrsa. Mäßige Dich, Ragnar.

Ragnar. Ich habe nichts für ihn über!

Eirek. Deine Blicke sind nicht so kalt wie Deine Worte, Vater.

Ragnar. Ich habe Dir mein Land verboten, zum Hause hinausjagen sollte ich Dich.

Yrsa. Das wirst Du ja nicht thun, Ragnar.

Ragnar. Bittest Du für ihn, deren Herzblut er vergossen hat? Ein lahmer, loser, fauler An= schlag war das!

Yrsa. Dafür hat er mich heute vom Feuertode gerettet, Ragnar.

Ragnar. Das hat Eirek gethan?

Yrsa. Er löste mich vom Pfahl und warf die brennenden Scheite auseinander.

Ragnar. So, so, das wußte ich nicht.

Eirek (auf den Knieen vor Ragnar). Vater!

Ragnar (zögernd). Nicht um deinetwegen, aber um ihretwegen. Steh' auf! Ich will gut machen, was ich mit harten Worten gegen Dich gesprochen.

Eirek. Du vergiebst mir?

Ragnar. Verdient hast Du's nicht. Geh' in die Oberhalle, bis ich Dich rufe. Ich habe mit Kraka zu reden.

(Eirek geht in die Oberstube und zieht den Vorhang vor, der die Unterstube von der Oberstube trennt.)

13. Scene.

Yrsa und Ragnar (ohne Eirek).

Ragnar. Was sagtest Du vorhin?

Yrsa. Wann?

Ragnar. Als ich die Treppe herabkam.

Yrsa. Als Du die Treppe herabkamst?

Ragnar. Du seist ein Königskind, sagtest Du?

Yrsa. Das hast Du gehört?

Ragnar. Ich habe noch mehr gehört. Was meintest Du damit?

Yrsa. Mit dem Königskinde?

Ragnar. Ja.

Yrsa. Was sollte ich wohl damit meinen?

Ragnar. Ist es denn wahr?

Yrsa. Warum sollte es nicht wahr sein?

Ragnar. Kraka!

Yrsa. Was? Wäre ich darum besser, als ich vordem war?

Ragnar. Spiele nicht mit mir, was meinst Du?

Yrsa. Daß ich ein Findling bin. Weiter nichts.

Ragnar. Du bist nicht in der Fischerhütte geboren?

Yrsa. Ich denke nicht daran.

Ragnar. Wo bist Du denn geboren?

Yrsa. Ja, wenn ich das selbst wüßte!

Ragnar. Aber Du meinst, Du seist edler Abkunft?

Yrsa. Ich weiß es sogar.

Ragnar. Du veränderst die Farbe, indem Du das sagst?

Yrsa. Weil mich Deine Kleingläubigkeit ärgert, Ragnar.

Ragnar. Du hast mir aber früher nie davon gesprochen!

Yrsa. Wozu sollte ich Dir davon sprechen!

Ragnar. Uns beiden hättest Du manchen Schmerz erspart.

Yrsa. So?

Ragnar. Du wärst längst Königin!

Yrsa. Jetzt fehlt mir also nichts mehr dazu?

Ragnar. Was spottest Du?

Yrsa. Ich bin zu Spott nicht aufgelegt. Mir ist es ernst. Nun will ich Königin sein. Genug bin ich mit Hoffnungen gespeist worden. Das Kind, das ich unter dem Herzen trage, soll kein Brautkind heißen. Schließe die Ehe mit mir jetzt sofort. Ich könnte im Kindbett sterben, darum verschiebe es nicht.

Ragnar. Bist Du edel geboren, wie Du sagst, so thu' ich es! Aber bist Du's auch?

Yrsa. Es wird mir zu arg. Habe ich Dir je gelogen?

Ragnar. Du bist also wirklich edel geboren?

Yrsa (spöttisch). Soll ich's auf meine linke Brust schwören? oder bei den Thränen meiner Mutter, die ich nicht kenne?

Ragnar. Hast Du Beweise?

Yrsa. Mein Gedächtnis ist mir Beweis genug.

Ragnar. Erzähle, was weißt Du?

Yrsa. Es hat ja keinen Zweck!

Ragnar. Was soll das wieder heißen?

Yrsa. Ich will Dir nichts auf den Hals reden, wenn Du nicht glaubst.

Ragnar. Nun kehrst Du die Stolze heraus. Das kenne ich!

Yrsa. So hast Du nie zu mir gesprochen, Ragnar. Was habe ich Dir gethan?

Ragnar. Deine Augen sind so brennend, fühlst Du Dich schlecht?

Yrsa. Ja, ein wenig unwohl fühle ich mich. Die Glieder wollen mich nicht mehr halten.

Ragnar. Komm, setze Dich doch!

Yrsa. Davon wird es nicht besser.

Ragnar (weich). Willst Du's mir nicht erzählen?

Yrsa. Aber es ist ja fast nichts zu erzählen. Ich habe kaum eine klare Vorstellung davon. Ich war ja ein fünfjähriges Ding damals.

Ragnar. Wann damals?

Yrsa. Als ich in die Fischerhütte kam.

Ragnar. Wer brachte Dich in die Fischerhütte?

Yrsa. Meine Mutter und ein Mann, der sie begleitete. Der Mann trug eine Goldharfe auf dem Rücken. Die Harfe war groß und so gebaut, daß man sie auseinander nehmen konnte. Und in der Harfe trug er mich, das erinnere ich mich genau. Zuweilen, während der Reise, nahm mich meine Mutter heraus, um mich zu waschen und zu füttern. So kamen wir in die Fischerhütte und über=nachteten dort.

Ragnar. Und was geschah dann?

Yrsa. Die Leute, die später meine Pflegeeltern wurden, erdrosselten nachts den Begleiter meiner

Mutter, um ihm die Goldharfe zu rauben. Die Harfe zerstückelten sie später und verhandelten das Gold. Nur den Harfenkopf behielten sie, aus Furcht, verraten zu werden.

Ragnar. Wo ist der Harfenkopf?

Yrsa. Unter der Thürschwelle der Hütte ver= graben.

Ragnar. Und was ward aus Deiner Mutter?

Yrsa. Ich fürchte, sie ward in derselben Nacht ermordet. Denn ich sah sie seitdem nicht wieder.

Ragnar. Was entsinnst Du Dich sonst noch?

Yrsa. Nichts. Nein gar nichts.

Ragnar. Außer den Mördern lebt niemand, der den Schleier heben könnte. Ich werde die Mörder herschaffen lassen und ihnen den Mund öffnen.

Yrsa. Thu das, Ragnar.

Ragnar. Wie heißen sie gleich?

Yrsa. Ake und Grima.

Ragnar. Ja, ich entsinne mich. Was hast Du?

Yrsa. Nichts. Wann ist unsere Hochzeit, Ragnar?

Ragnar (fest). Heute noch, Kraka!

Yrsa. Mir kommt das Herz wieder! Und Du schwörst mir das?

Ragnar. Ich schwöre es Dir! — Aber Du fällst ja!

Yrsa. Führe mich in mein Zimmer, ich fühle, ich muß mich hinlegen.

Ragnar (rufend). Eirek!

14. Scene.

Vorige. Eirek.

Eirek. Du wünschest, Vater?

Ragnar. Rufe die Dienstfrauen.

Eirek. Was hat Kraka?

Ragnar. Ich habe Dir gesagt, Du sollst die Mägde rufen!

(Eirek ab. Pause.
Dann kehrt Eirek zurück mit mehreren Frauen.)

Ragnar. Tragt sie in die Frauenstube. Aber vorsichtig! Ihr müßt ihr das Schnürband lösen.

(Die Frauen tragen Irsa die Treppe hinauf und bringen sie in die Kammer des ersten Stockwerkes. Rognvald kommt von links unten.)

15. Scene.

Vorige. Rognvald (ohne Irsa und die Mägde).

Rognvald. Der König Ella von England sendet Dir Botschaft, Vater.

Ragnar. Ja, ja, ich kann mir schon denken.

Eirek. Rognvald, erkennst Du mich nicht?

Rognvald (jubelnd). Eirek! Du! (Er küßt ihn.)

Eirek. Ja, eine Totenerweckung.

Rognvald. Und Du bleibst, Dir ist vergeben? Ja, Vater?

Ragnar. Was wünscht König Ella?

Rognvald. Er bittet um Deine Gastfreund-schaft. Er fragt, ob Du ihm Herberge geben willst hier im Schlosse für einige Tage.

Ragnar. Nein.

Rognvald. Nein?

Eirek. Aber Vater, warum denn nicht?

Ragnar. Ich habe meine Gründe.

Eirek. Du hast mir verziehen, Vater! Verweigere mir Deine Liebe nun nicht mehr! Zerstöre nicht mein Glück! König Ellas Tochter ist meine Braut.

Ragnar. Aber die Eltern verweigern sie Dir!

Eirek. Das weißt Du?

Ragnar. Die Wände haben Ohren! Wenn dem König von England Deine Verwandtschaft nicht recht ist, so ist mir seine noch weniger recht.

Rognvald. Das wird König Ella zu blutigem Austrag bringen.

Ragnar. So lasse er die Kriegshunde los! Ich zog oft aus, das Fürchten zu lernen. Ich habe es bis heute nicht gelernt. Der Nordsee bangt vor der Westsee nicht!

16. Scene.

Vorige. Eine Magd.

Die Magd (oben auf der Treppe). Großmächtiger König —

Ragnar. Was giebt es?

Die Magd. Kraka ist niedergekommen.

Ragnar. Ein Mädchen?

Die Magd. Nein, Herr, ein Knabe.

Ragnar. Ein Knabe! Habt Ihr's gehört? Ein Knabe! Das Schicksal selbst hat gesprochen und hat alle Gespensterwarnungen Lügen gestraft! Die Götter wollen meine Ehe mit Kraka! Noch heute soll unsere Hochzeit angerichtet werden.

Eirek. Du weinst ja die hellen Thränen, Vater!

Ragnar (zur Magd). Wie fühlt sich Kraka?

Die Magd. Sie schrie vor Freude, als sie ihr leibliches, kleines Knäblein erblickte.

Ragnar. Hier die goldenen Ringe bringe ihr, daß sie sie an die Windeln des Säuglings binde. (Er giebt der Magd goldene Ringe.)

Die Magd. Wie wird sie sich freuen! (Die Magd ab.)

17. Scene.

Vorige (ohne die Magd).

Eirek. Du wirst sie heiraten!

Ragnar. Erregt das Dein Mißfallen?

Eirek. Ganz im Gegenteil.

Ragnar. Das will ich hoffen. Was ich heute erfuhr, wird alle Unkenrufe und Lästerzungen zum Schweigen bringen: Kraka hat Königsblut in den Adern!

Rognvald. Ich habe es mir immer gedacht!

Eirek. Sie sagte es auch mir. Vater, nun steht doch meinem Glücke nichts mehr entgegen!

Ragnar. Nur ich, meinst Du?

(Man hört ein Horn blasen hinter der Scene.)

Eirek. Horch! der Frohne=Wächter!

Rognvald. König Ella ist vor dem Thor!

Eirek. Vater!

Rognvald. Soll er abgewiesen werden?

Eirek. Vater!

Ragnar. Ich will mir den Tag nicht verderben. Lade ihn meinetwegen zum Hochzeits=schmaus.

Eirek. Wie soll ich Dir danken, Vater!

(Eirek eilt durch das Thor rechts unten ab.)

18. Scene.

Ragnar und Rognvald (ohne Eirel).

Ragnar. An Dich habe ich ein Gewerbe.

Rognvald. Welches, Vater?

Ragnar. Laß ein Langschiff herrüsten und segele heute noch nach der Nordküste, zur Bucht, wo Krakas Pflegeeltern wohnen. Du kennst die Hütte?

Rognvald. Ja, ich werde sie wiedererkennen.

Ragnar. Nimm die beiden Alten gefangen und schaffe sie mir her. Laß auch die Thürschwelle der Hütte aufgraben. Du wirst dort einen Harfen=kopf finden, den ich sehen muß. Wie bald kannst Du zurück sein?

Rognvald. In zehn Tagen, vielleicht in zwölf Tagen.

Ragnar. Du mußt heute noch segelfertig sein. Es hat Eile. Geh!

Rognvald. Ich werde es ausrichten, Vater!

(Rognvald nach links ab. Zu gleicher Zeit tritt durch das Thor rechts König Ella ein mit Gefolge.)

19. Scene.

Ragnar. Ella. Gefolge.

Ragnar. Heil Dir und willkommen, König von England!

Ella. Heil auch Dir. Ich komme ungeladen!

Ragnar. Man sagt: die liebsten Gäste kommen von selbst.

Ella. Ich wußte nicht, daß ich Dir lieb sei. Wir haben noch keinen Scheffel Salz mit einander gegessen. Also bin ich Dein Gast?

6*

Ragnar. Ich willfahre Dir Dein Begehren. Bleibe unter meinem Dache, so lange es Dir behagt. Du kommst allein?

Ella. Mein Weib und meine Tochter folgen bald.

Ragnar. Ihr hattet stürmische Fahrt.

Ella. Ja. Und mich reitet die Gicht. Das war früher anders. Früher blies mir der Wind nie das Mark aus den Knochen. Aber ich bin nun zum Knochengerippe geworden. Ich bin alt wie das Steinreich. Mehr als achtzig Jahre habe ich auf meinem Haupte. Meine Kniee zittern vor Alter.

Ragnar. Doch Du stehst noch ungehabt und ungestabt!

Ella. Aber bresthaft, krumm und müde. Zwar ein Pferd kann ich noch besteigen. Ja, das war eine schlechte Reise, ich spüre es. Auch heute steht die Sonne dunkel und traurig und giebt einen kläglichen Anblick von sich. Was das bedeuten mag?

Ragnar. Die Zeit wird es geben.

Ella. Du hast Deinen Sohn in Gnaden aufgenommen, höre ich?

Ragnar. Ich that es Krakas wegen.

Ella. Wer ist das? das Fischermädchen?

Ragnar. Die ich willens bin, heute noch zur Gemahlin zu nehmen.

Ella. Die eine Hochzeit schließt die andere aus.

Ragnar. Sprach ich von der andern? Bewarb ich mich um Englands Schwagerschaft? Ich trage mein Haupt nicht niedriger als Du! Mehr als einmal färbte ich die Nordsee rot. Dein Schleppenträger bin ich nicht.

Ella (als ob er nicht gehört). Ich denke, Deine Braut stammt aus einer Fischerhütte?

Ragnar. Sie stammt aus einem Königshaus, wie mir heute berichtet ward. Und ich werde, was ich an ihr verbrach, heute vergüten und ihr büßen.

Ella. Wenn das sich so verhält, bedauere ich meine Worte. Da, nimm meine Hand, meinen Frieden und Freundschaft. Mir ist Eirek herzlich willkommen als Sohn.

20. Scene.

Vorige. Eirek und Aslaug.

(Sie treten während der letzten Worte Ellas durch das Thor unten ein.)

Eirek. Aslaug!

Aslaug. Ja, ich habe alles gehört! Aber ich kann mein Glück noch nicht fassen, Eirek.

Eirek. Ich werde es mit für Dich fassen und festhalten. Nun bist Du mein, Aslaug.

Ragnar. Noch nicht!

Eirek. Noch nicht? Was steht noch im Wege?

Ragnar. Ich stehe im Wege. Ich habe wohl auch ein Wort mitzureden.

Eirek. Wir sind doch schon verlobt! So verweigere auch Deinen Segen nicht, Vater!

Ragnar. Verlobt! Verloben kann sich jeder. Das ist kein Kunststück, Milchbart!

Ella. Nun, nun, laß Dich erweichen, König Ragnar! Wir sind auch mal jung gewesen. Fort mit Schaden! Das Jungvolk thut ja doch, was es will, ob wir Alten auch knurren und murren.

Ragnar. Man fragt mich nicht einmal! Ich scheine hier überflüssig zu sein!

(Ragnar und Ella stehen links und fahren fort, sich leise zu unterhalten. Eirek und Aslaug stehen rechts.)

Aslaug. Das Dein Vater!

Eirek. Warum?

Aslaug. So . . . Ich dachte ihn mir anders.

Eirek. Wie?

Aslaug. Mehr wie Du. Weicher. Ein kalter Hauch geht von ihm aus. Ich könnte mich vor ihm fürchten.

Eirek. Er schämt sich, zu zeigen, wie weich er im Grunde ist. Er verschanzt sein Gemüt mit Härte.

Aslaug. Dies finstere Schloß gleicht ihm.

Eirek. Wie meinst Du?

Aslaug. Es ist, als ob er seine Rauhheit der Halle aufgeprägt. Die Wände spiegeln seine Seele wieder, finster und kahl.

Eirek. Dir gefällt nicht unsere Wasserburg?

Aslaug. Solche Halle sah ich in bösen Träumen, wenn der Alp mich drückte. Hier fällt es mir schwer, zu atmen.

Ella (leise zu Ragnar). Ein zart Mägdlein weiß und rot ist sie.

Ragnar (nach Aslaug hinblickend). Gewiß! Über alle Maßen schön.

Ella (zu Eirek und Aslaug). Kinder, ich habe mit Euch zu reden! (zu Ragnar). Du besinnst Dich noch eines anderen, Ragnar Lodbrof!

(Eirek und Aslaug treten nach links zu Ella und sprechen leise mit ihm. Ragnar geht während dessen in Gedanken versunken nach rechts. Durch das Thor rechts tritt Thora ein.)

21. Scene.

Vorige. Thora.

Thora. Jammer steht vor der Thür und schlägt die Trommel!

Ragnar. Wer bist Du?

Thora. Die Königin.

Ragnar. Heil Dir und willkommen, Königin Oluf.

Thora. Heil auch Dir. Du stehst ja wie ein Steinbild, König Ragnar!

Ragnar (sich an die Stirn fassend). Wenn ich den Riegel hier fortschieben könnte! . . . Mein Kopf ist wie ein Sieb. . . . Ist das nicht mein Weib Thora?

Thora. Ragnars Weib Thora starb, nur Oluf lebt, Ellas Weib.

Ragnar. Das will mir nicht zu Kopfe. Wohin ist Thora?

Thora. Frage den Wurm, der im Sarge nagt!

Ragnar. Wenn ich die Gedanken zusammenbringen könnte! Deine weiße Wange, Dein verblühtes Haar . . . Und doch, bist Du nicht Thora?

Thora. Ich war es, Ragnar!

Ragnar. Du hast den Schlummer des Todes gebrochen?

Thora. Ich fand keinen Schlummer, seit ich Dich verlor, Ragnar!

Ragnar. Ich hätte eher den Tod als Dich erwartet!

Thora. Thu Dir Gewalt an, sprich leise!

Ragnar. Warum?

Thora. Meiner Tochter Aslaug zu Liebe.

Ragnar. Deiner Tochter Aslaug zu Liebe?

Thora. Mache mein Kind nicht zur Bastardin vor den Menschen. Ich lebe als König Ellas eheliches Weib. Halte Dich fest und verrate nichts!

Ragnar. Es kommt mich schwer an!

Thora. Thu es um alter Treu. Auch mir ist die Brust bleibeschwert. Doch was hilft es die Achseln zucken. Was zu spät ist, ist viel zu spät. Dir zu gut sage ich das.

22. Scene.

Vorige. Yrsa und Frauen.

(Im ersten Stockwerk tritt Yrsa aus der Kammer. Sie ist im bloßen Nachthemd und ihr Haar ist wirr und aufgelöst. Mehrere Frauen wollen sie zurückhalten. Aber sie reißt sich los und wankt die Treppe herab.)

Eine Magd. Willst Du Dir den Tod holen, Kraka? Du bist ja krank!

Yrsa (sehr aufgeregt). Laßt mich! Fort die Hände! Ich bin meiner Sinne mächtig und meiner Glieder!

Ragnar. Was ist das für ein Gelärm?

Thora. Da sieh! . . . Entgürtet und entschuht und bleich wie Asche . . . Wer ist sie?

Ragnar. Meine Braut!

Thora. Ist das Dir ernst?

Ragnar. Bitterernst!

Yrsa (auf der Mitte der Treppe). Löse Dein Versprechen ein, Ragnar.

Ragnar. Aber doch nicht so! Bist Du aberwitzig geworden, Kraka? Du bist ja im Hemd! Lege Dich zu Bett!

Yrsa. Ich weiche nicht von der Stelle, bis Du Deinen Schwur eingelöst.

Thora (zu Ragnar). Welchen Schwur?

Ragnar. Sie zu ehelichen.

Thora. Thu es nicht!

Ragnar. Ich kann nicht mehr zurück!

Thora. Wie sie Aslaug gleicht ... Eine böse Ahnung faßt mich ....

Ragnar. Lege Dich zu Bett, Kraka! Hast Du kein Schamgefühl, Dich vor Gästen so zu zeigen?

Jrsa. Sind hier Kinder, die an den Storchbiß glauben? Oder willst Du meinen Tod, Du Eisen= herziger? Ich bin schon sterbenskrank. Mache mich nicht wahnsinnig.

Thora. Wenn Du mich je geliebt hast, schließe diese Ehe nicht, Ragnar.

Ragnar. Ich muß! Widerspruch macht sie nur kränker!

(Ragnar tritt zu Jrsa und wechselt Goldreifen mit ihr. Ein Teppich wird von mehreren Rittern über Ragnar und Jrsa gespannt gehalten.)

Ragnar. Die Ringe sind gewechselt. Eine Decke hat uns zwei gedeckt vor Zeugen. Du bist mein königliches Gemahl!

Thora. Weh mir und ihr!

Eirek. Segne auch uns, Vater!

Ragnar. Tritt hierher, Eirek!

(Eirek tritt zu Ragnar.)

Thora. Her zu mir, Aslaug!

(Aslaug tritt zu Thora.)

Aslaug. Mutter hast Du keinen Segen für mich?

Thora. Mein Segen wäre Eure Fluch! Darum entlobe ich Dich und verbiete Dir, fortan Wort und Blick mit Eirek zu wechseln.

Eirek. Vater, was bedeutet das?

Ragnar. Kein Widerspruch! Ich selbst habe das so gewünscht!

Ella. Seid Ihr denn alle närrisch geworden? Oder bin ich es?

Thora. Weh, der Tod hielt Einzug in das Haus!

(Der Vorhang fällt.)

Dritter Akt.

Im Schloßgarten. Vorn hohe, alte Bäume. Vom Schlosse, im Hintergrunde, ist nur ein mächtiger grauer Turm sichtbar. Oben im Turm [erstes Stockwerk] ein Fenster. Der Turm ist von einem schilfbewachsenen Wassergraben umgeben. Heller Mondschein.

1. Scene.

Aslaug (allein).

(Sie steht am Fenster oben im Turm und blickt in den Garten hinein.)

Aslaug. Das finstere Waldschloß ist in Schlummer gelullt. Der Schlaf schaut zum Fenster herein und grinst mich an: Warum schläfst Du nicht, Du tolles Kind? Die Fliege schläft an der Wand und das Feuer schläft auf dem Herde. Ja, warum kann ich keinen Schlummer schlafen? Hat mich das Weinen nicht müde gemacht? Wenn eine Amsel im Gezweig sich plustert, stürze ich ans Fenster und lausche: Kam er nicht? Nein, er kam nicht, noch immer nicht. Und doch sagt mir mein Herz, daß er kommen wird. Oder hält man ihn gefangen, wie mich, zehn ewige Nächte schon? Horch! Was regte sich? Warum schwimmen die Schneegänse so um mein Fenster und drängen sich zusammen?

2. Scene.

Aslaug (oben am Fenster), Thora und Yrsa (unten).

(Thora und Yrsa kommen von links durch den Park. Yrsa
wird von Thora gestützt.)

Yrsa. Oh! der alte Turm! —

Thora. Warst Du nie früher hier?

Yrsa. Mir graute immer vor der Spukstätte.
Die verwitterten Mauern beklemmen mir die Brust.
Oh! Und die großen, gefährlichen Eichen! Die
Bäume reden miteinander — hörst Du?

Thora. Wie fühlst Du Dich, Yrsa?

Yrsa. Yrsa? So heiße ich nicht, man nennt
mich Kraka.

Thora. Verzeih! Ich habe mich nur ver=
sprochen. Ich meinte Kraka.

Yrsa. Yrsa? Yrsa? Ist das ein Name?

Thora. Ja. Warum?

Yrsa. Ich weiß nicht! Ich habe diesen Namen
nie gehört! Und doch klingt er mir bekannt.

Thora (ablenkend). Du hast mir meine Frage
nicht beantwortet. Wie fühlst Du Dich, Kraka?

Yrsa. Auf den Tod krank und elendig. Das
Haupt thut mir weh. Warum nanntest Du mich
erst Yrsa?

Thora. Aber ich sage Dir doch, daß ich mich
nur versprochen habe.

Yrsa. Es ängstigt mich.

Thora. Was?

Yrsa. Daß Du Dich so versprochen hast.

Thora. Du fieberst! Schlage Dir die Grillen
aus dem Kopf! Willst Du Dich nicht setzen?

Yrsa (plötzlich). Bin ich Yrsa?

Thora. Wie kommst Du darauf?

Yrsa. O! Ich bin klüger, als ich aussehe.

Thora. Du sprichst in Rätseln!

Yrsa. Sage es nur lieber gleich heraus! Nicht wahr, ich bin Yrsa?

Thora. Ich denke, Du bist Kraka?

Yrsa. Du kannst Dich gut verstellen. Aber aufs Glatteis führen lasse ich mich nicht, weißt Du!

Thora. Das ist nicht freundlich, so zu sprechen!

Yrsa. Ich fühle, Du bist nicht bös gesinnt. Aber warum hältst Du mit der Wahrheit zurück? Blicke mir gerade in die Augen: Bin ich Yrsa?

Thora. Yrsa? Wer ist Yrsa?

Yrsa. Das weißt Du — nicht ich!

Thora. Ich verstehe nicht, was Du willst!

Yrsa. Du weichst meinem Blicke aus?

Thora. Ich? Dazu habe ich keine Ursache. Doch was hast Du? Wie Deine Augen krankhaft glänzen.

Yrsa. Ja, meine Blicke sind vergiftet. Aber Du warst es, die mir das Gift ins Herz gegossen!

Thora. Die Müdigkeit macht Dich gereizt und aufgeregt, mein Kind! Du solltest Dich ausruhen. Willst Du Dich nicht setzen?

Yrsa. Wohin? Auf die blumige Graserde? Ich mag das Blut der Blumen nicht vergießen. Die Blumen schreien, wenn ich sie zerdrücke!

Thora. Sind sie nicht dazu da, um gepflückt zu werden? Sie stehen wie beschämt, weil niemand sie pflückt.

Yrsa. Gepflückt wollen sie sein — aber nicht zerdrückt und zertreten wie ich zerdrückt und zertreten worden! Darum sind auch meine Wangen so bleich. Das Schicksal entschläft nicht!

Thora. Ich glaubte Dich genesen. Aber Du bist doch noch recht krank, wie ich sehe. Stütze Dich wenigstens auf meinen Arm.

Yrsa. Ich danke. Es geht auch so. Ich kann noch allein stehen. Der Hund heult schon die ganze Nacht. Sollte er toll sein?

Thora. Die feuchte Nachtluft wird Dir schaden, Kraka. Ich hätte Dich nicht herführen sollen. Geh doch lieber zu Bett!

Yrsa. Und Du meinst, im Bett sei alles wett? Nicht wahr? So seid Ihr alle! Über alles hinweghudeln — das wäre nach Eurem Geschmacke! Nein, nein, ich will keinen Selbstbetrug mehr. Das muß ein Ende nehmen — heute noch! Nur die Wahrheit kann mir Genesung bringen.

Thora. Die Wahrheit kann auch den Tod bringen!

Yrsa. Ist der Tod nicht Aufhebung der Leiden? Ist der Tod nicht Genesung?

Thora. Die brütende Nacht drückt auf Deine Seele! Laß uns zurückgehen.

Yrsa. Und in der weißen Burg soll ich Rosen lachen am Ende? Hier oder dort, das bleibt sich gleich. Ein Wurm kroch mir in die Brust, der nagt und bohrt.

Thora. Jeder hat seinen Wurm!

Yrsa. Aber nicht jeder hat ein Herz, das sich zernagen läßt. Hast Du ein Herz?

Thora. Ich wollte, ich hätte keins!

Yrsa. Du hast ja keins!

Thora. Ich?

Yrsa. Wie hättest Du sonst das Glück Deines Kindes zerstören können?

Thora. Das Glück meines Kindes? Welches Kindes?

Yrsa (mißtrauisch). Welches? Du gebarst doch nur ein Kind?

Thora. Aslaug?

Yrsa. Ja — Aslaug! Ich sag' es ja, Du hast kein Herz!

Thora. Nicht ich zerstörte das Glück meines Kindes!

Yrsa. Wer sonst? Sie liebt Eirek.

Thora. Um so schlimmer für sie!

Yrsa. Wenn Du so sprichst, müßte ich Dich hassen. Und doch möchte ich Dich lieben. Bist Du so unmenschlich? Oder bist Du so übermensch= lich? Was bist Du, finsterer Gast? Seit Du in das Schloß gedrungen, wagt niemand mehr die Stimme zu erheben. Selbst Ragnar spricht leise und gedämpft — das war sonst seine Art nicht. Es ist, als wäre um uns alle ein unsichtbares Spinnennetz gezogen, und wir hängen daran wie Fliegen. Je mehr wir um uns schlagen, desto fester schnürt uns das Netz. Und eine Kreuzspinne lauert im Versteck, um uns der Reihe nach das Blut abzuzapfen.

Thora. Auch ich bin der Spinne verfallen. Mich umgarnt dasselbe Netz wie Euch. Nur sträube ich mich nicht dagegen, wie Ihr es thut. Denn ich weiß, es wäre umsonst.

Yrfa. Fast möchte ich glauben, Du wärst unfer Schickfal. Steinern, wie Dein Auge, denke ich mir das Auge der Norne, ihr Haar fo weiß wie Deins, ihren Mund schmerzzuckend wie Deinen. Was gab Dir die Macht über Menfchenfeelen? König Ella widerfpricht Dir nicht, Ragnar Lodbrok fügt fich Deinem Wort und ich gehorche Dir blindlings. Sage, bift Du ein Menfch? Alles ist Rätfel an Dir! Du fiehft in die Herzen von uns allen, wir müffen Dir alle Blutkammern unferer Seele öffnen, ob wir wollen oder nicht, — doch kein fremder Blick dringt durch Deine Bruft. Wer bift Du? Was bift Du? Du zerreißt mit rauher Hand das Liebesband, das Eirek und Aslaug umfchlungen, — und die Könige der Nordfee und der Weftfee zucken die Achfeln dazu. Du hältft Dein Töchterchen im Turm wie eine Gefangene, zehn Tage und Nächte fchon, und König Ella, ihr eigener Vater, wagt nicht, fein Kind zu befreien. Du verabredeft eine nächtliche Zufammenkunft mit mir und Ragnar, ohne Wiffen König Ellas, ja, hinter feinem Rücken heimlich vor ihm, — und ich komme und gehorche, und Ragnar wird kommen und wird gehorchen. Warum gehorchen wir Dir? Warum haben unfere Seelen nicht die Macht, Deiner Seele zu trotzen?

Thora. Weil Ihr meine Seele nicht faht, während meine Eure Seelen fah und betaftete und küßte.

Yrfa. Mir graut vor dem Kuffe Deiner Seele, als hätte eine Seuche ihre Lippen auf meine Stirn gedrückt und mit ihrem Haar meine Wangen ge= ftreift.

Thora. Ach! Ehe ich kam, waren Eure Seelen schon voll Beulen und Wunden. Nur wußtet Ihr es nicht!

Yrsa. Mußt Du uns die Augen öffnen?

Thora. Weh mir, daß ich es muß!

Aslaug (vom Fenster aus). Mutter!

Thora. Horch! Wer sprach?

Yrsa. Die Schneegänse im Schilfgraben schlagen mit den Flügeln; ein Erlenkäfer schwirrte dicht an meinem Ohr vorbei und flog nach Norden.

Thora. Nach Norden flog er?

Yrsa. Ja, nach Norden. Das ist nicht günstig.

Aslaug (wie oben). Mutter!

Thora. Still! Das war eine Menschenstimme. Sind wir nicht allein?

Yrsa. Wer sollte hier sein? Die Nachtwolken sind zerstoben. Der grausige Mond fährt in seinem Wagen.

Aslaug. Mutter, wohin gehst Du?

Thora (Aslaug erblickend). Meine Tochter! Hat sie uns belauscht?

Yrsa (leise). Wir sprachen keine Geheimnisse.

Thora (leise). Das über König Ella . . . .

Yrsa (leise). Was Du hinter seinem Rücken thust? Sie kann es nicht gehört haben!

Aslaug. Wohin gehst Du, Mutter?

Thora. Ich wollte vor Sonnenaufgang Kräuter brechen.

Aslaug. Darf ich nicht mitgehen und Dir helfen, Mutter?

Thora. Nein, mein Kind. Es ist Schlafens= zeit für Dich!

7

Aslaug. Ich kann ja doch nicht Schlaf finden, Mutter.

Thora. Zieh Dich aus und schließe das Fenster, daß der Mond Dir nicht hineinscheint.

Aslaug. Den Vater Mond fürchte ich nicht. Ich fürchte etwas anderes.

Thora. Was fürchtest Du?

Aslaug. Die bösen Gedanken, die mir die Einsamkeit zuflüstert.

Thora. Welche bösen Gedanken?

Aslaug. Warum darf ich nicht mit Dir gehen?

Thora. Weil ich es nicht will.

Aslaug. Weil Du mir nicht traust, weil Du meinst, ich könnte zu Eirek fliehen! Deshalb!

Thora. Vielleicht ja! Vielleicht deshalb!

Aslaug. Und wenn ich nun doch mit Eirek fliehe?

Thora. Dein Turm ist zu hoch, mein Kind!

Aslaug. Der Sehnsucht ist nichts zu hoch und zu tief. Gut, behandele mich wie ein kleines Kind, — aber das sage ich Dir gleich, Mutter, auch ich werde handeln wie ein Kind, das man einsperrt.

Thora. Du wirst mich einst begreifen lernen, Aslaug, und wirst mir die Hände küssen für meine Strenge. (Leise zu Yrsa.) Komm laß uns gehen. Er wartet vielleicht schon auf uns.

Yrsa. Wer? Ragnar?

Thora. Ich werde erst allein mit ihm reden müssen. Du erlaubst mir das, nicht wahr?

Yrsa. Könnte ich Dich doch enträtseln, Du Rätsel!

(Thora und Yrsa nach rechts ab.)

3. Scene.

Aslaug allein (oben im Fenster).

Aslaug. Glitzern die züngelnden Sterne so? Oder ist mein Auge trübe vor Liebe und Wut? Ich möchte mich hinabstürzen in das schwarze Wasser dort unten, dann findet er mich doch als Leiche, die er lebend nicht zu finden vermochte. Im Schwalbennest am Fenster sind sie erwacht und stecken die Schnäbel aus der Luke: Männchen und Weibchen. Warum ist mir armen Menschenkind Euer Glück versagt? Weil ich ein höheres Wesen bin? Weil reicher und zerbrechlicher mein Herz, das Herz der Königstochter? Ist das das Los der Auserwählten?

(Eirek tritt auf links unten.)

4. Scene.

Aslaug (oben im Fenster), Eirek (unten am Fuß des Turmes).

Eirek. Aslaug, mein Liebling!

Aslaug (starr ohne sich umzuschauen). Was willst Du?

Eirek. Dich sprechen!

Aslaug. Rede, daß ich Dich sehe!

Eirek. Siehst Du mich nicht? Und ich sehe Dich doch so nahe, all Deine Aderlein und Glieder! Der harte Mond liebkost Dich mit Strahlen. Deine Wangen sind rot, — hast Du geweint?

Aslaug. Ich glühe so, weil ich Dich nahe weiß.

Eirek. Wie steht es um Dich, lieb Herze?

Aslaug. Zu Tode gehärmt habe ich mich. Mein goldenes Krönchen habe ich vor Schmerz zerbrochen.

7*

Eirek. Kindchen Du!

Aslaug. Was kann ich dafür, daß ich Dich liebe! Was hat Dich hergebracht?

Eirek. Oh, ich habe Dich gesucht so lange. Ich war bei Sonne, Mond und den vier Winden und habe nach Dir geforscht.

Aslaug. Mir ist so reich und froh. Wenn Du willst, wie ich . . . . .

Eirek. Was willst Du?

Aslaug. Du fragst!

Eirek. Ja, ich will.

Aslaug. Was?

Eirek. Dich mit drei Küssen erlösen.

Aslaug. Wenn das ginge! Dich auf den Mund küssen! Ich wüßte mich nicht zu lassen vor Freude.

Eirek. Warum nicht!

Aslaug. Ja, warum nicht!

Eirek. O, daß ich Dir zukönnte!

Aslaug. Kannst Du nicht am Dachtrauf empor?

Eirek. Ich komme nicht über den Moorlachen an den Turm. Das Wasser ist zu tief.

Aslaug. Ich wollte, ich könnte mich an einem Spinnfaden hinablassen. Aber weißt Du was? Ich will die Zöpfe losbinden und die Locken lüpfen, und Du ziehst Dich daran empor. Ja, so mach' ich es! Du wirst sehen, es geht!

(Aslaug läßt ihr langes Haar den Turm hinab.)

Eirek. Du bist ja aus Rand und Band. Ach, ich kann doch nicht in die Höhe reichen. Wie ich es liebe Dein schwarzes Haargewirr!

Aslaug (traurig). Was sollen wir machen?

Eirek. Ja, was sollen wir machen!

Aslaug. Sollen wir Ball im Mondschein spielen?

Eirek. Das wäre! Hast Du einen Ball?

Aslaug. Einen goldenen sogar. Da, — fange auf!

(Aslaug wirft einen goldenen Ball herunter. Eirek fängt den Ball auf.)

Eirek (den Ball fangend). Ich habe ihn! Und nun fange Du! Aber gieb acht, daß er nicht ins Wasser fällt.

Aslaug (den Ball fangend). Ich gebe schon acht! Da sieh, ich habe ihn und mit einer Hand! Kannst Du das auch?

Eirek. Gewiß! Wirf nur!

Aslaug. Aufgepaßt! Ich werfe im Bogen.

Eirek (den Ball fangend). Mit einer Hand! Und Du hattest schlecht geworfen, Aslaug! Bin ich nicht geschickt?

Aslaug. Wird sind doch tolle Kinder!

Eirek. Wir lachen, obgleich wir weinen sollten!

Aslaug. Wirf noch einmal.

Eirek. Hast Du die Sternschnuppe gesehen?

Aslaug. Ja. Und ich habe mir etwas ge=wünscht.

Eirek. Ich auch.

Aslaug. Was?

Eirek. Das weißt Du doch!

Aslaug. Glaubst Du, daß es kleine Drachen sind?

Eirek. Die Sternschnuppen?

Aslaug. Warum wirfst Du nicht!

Eirek. Aber fange mit beiden Händen.

Aslaug. Nein, mit einer!

Eirek. Das Binsenmoor ist tief. Wenn der Goldball hineinfällt, ist er verloren.

Aslaug. Mag er verloren gehen, wenn wir nur jetzt genießen! Wirf!

Eirek (werfend). Fängst Du?

Aslaug (fangend). Da — siehst Du! Ich bin nicht so ungeschickt, wie Du glaubst. Hier nimm ihn wieder.

Eirek (fangend). Du Wildvogel, hast Du noch nicht genug?

Aslaug. Wirf!

Eirek. Ich werfe!

(Eirek wirft ungeschickt. Der Ball schlägt an den Fensterbogen und fällt hinab in den Kanal am Fuße des Turmes.)

Aslaug. Oh weh!

Eirek. Es war meine Schuld.

Aslaug. Nein, es war meine Schuld!

Eirek. So ein schöner, goldener Ball!

Aslaug. Um unser schönes Spiel ist mir's mehr leid! Was liegt am Ball!

Eirek. Vielleicht kann ich ihn doch noch herausfischen.

(Eirek sucht am Ufer des Wassergrabens.)

Aslaug. Aber ich bitte Dich, Treulieb, falle Du nicht selbst ins Wasser.

Eirek. Welch eine schwarze Flut!

Aslaug. Siehst Du ihn?

Eirek. Den Ball? Nein. Aber . . . .

Aslaug. Aber?

Eirek. Etwas anderes.

Aslaug. Etwas anderes?

Eirek. Eine Spiegelung.

Aslaug. Wohl den neuen Mond, wie er den alten Mond im Arme trägt?

Eirek. Nein.

Aslaug. Mich?

Eirek. Nein.

Aslaug. Was denn?

Eirek. Den Eichenast dort.

Aslaug. Ist das alles?

Eirek. Der Ast reicht ja bis an das Turmdach.

Aslaug. Und Du meinst . . . . ?

Eirek (nickt.) Ja!

Aslaug. Komm!

Eirek. Ich komme!

(Eirek klettert die Eiche empor und schwingt sich über den Eichenast bis an Aslaugs Turmfenster.)

Aslaug. Ob auch alle Sterne uns gram waren, — uns konnten Menschen und Sterne nicht trennen. Für Dich ward ich geboren. Und nicht wahr, Du bleibst doch die heile Nacht?

Eirek. Willst Du nicht mit mir fliehen, Aslaug?

Aslaug. Erst tritt ein! Ich bin so liebetrank! Erst muß ich Dich küssen! Zum Fliehen bleibt uns noch Zeit genug, wenn der Nachtnebel in Tau zerrann!

(Eirek steigt in das Turmfenster hinein. Aslaug schließt das Fenster. Beide verschwinden hinter dem Fenster.)

5. Scene.

Ragnar und Thora (ohne Eirek und Aslaug).

(Ragnar und Thora kommen von rechts unten.)

Thora. Hier kann uns Krafa nicht hören.

Ragnar. Sage schnell, was Du zu sagen hast.

Thora. Ich habe es Dir schon gesagt.

Ragnar. Daraus kann ich schwarz und weiß verstehen! Das will sich mir nicht zusammen= reimen. Wozu diese Geheimniskrämerei vor Ella und Kraka?

Thora. Wohl Dir, daß Du es nicht verstehst.

Ragnar. Aber ich will endlich verstehen. Ich will nicht länger wie ein Blinder umhertasten und vor Abgründen zittern, die ich nicht sehe. Nimm mir die Binde von den Augen, oder ich reiße sie mir von den Augen!

Thora. Du würdest von Schwindel erfaßt werden und das Gleichgewicht verlieren, wärst Du sehend, wie ich! Vertrau Dich meiner Führung an, ich meine es gut mit Dir, Ragnar!

Ragnar. Ich habe Deiner Führung vertraut, ich habe alle Deine Ratschläge befolgt — doch das hat seine Grenzen.

Thora. Du hast nicht alle meine Ratschläge befolgt. Ich bat Dich, Ake und Grima, die Pflege= eltern Krakas, heimzuschicken. Das hast Du nicht gethan.

Ragnar. Weil ich vor aller Welt darthun will, daß Königsblut in den Adern Krakas fließt.

Thora. Was hilft reden wo kein Ohr ist! Ich habe Dich gewarnt. Thu, was Du willst! O, ich bin kampfesmatt! Meinetwegen sei Dein eigener Henker.

Ragnar. Gieb mir Gründe, so folge ich Dir. Aber einschüchtern lasse ich mich nicht, auch nicht durch das Unglück.

Thora. Ungemahnt und ungebeten naht das Unglück. Darum müssen wir das Unglück einpfählen wie Pest und Gespenster.

Ragnar. Einpfählen läßt sich das Unglück nicht!

Thora. Ein nachdenklich Wort! Solltest Du recht haben? Warum sträube ich mich noch gegen das Unabwendbare? Ja — wozu? .... Wirst Du meinen andern Rat wenigstens befolgen?

Ragnar. Welchen?

Thora. Das Verhör der Verbrecher mir zu überlassen und selbst keine Frage an sie zu richten, — vor allem nicht in Gegenwart Krakas.

Ragnar. Weshalb nicht vor Kraka?

Thora. Weil .... willst Du denn durchaus vom Wissenstrank schlürfen, Ragnar?

Ragnar. Du schlürftest ja auch davon!

Thora. Leider ja. Und bin ich nicht ein= gegruftet und abgetötet darum? Dein und Krakas Leben soll nicht vergällt werden wie meins. Das will ich hindern.

Ragnar. Du treibst die Bevormundung zu weit. Den Kopf hast Du mir ganz warm gemacht mit Deinen Warnungen. Ich muß wissen, was dahinter steckt.

Thora. Von mir erfährst Du's nicht!

Ragnar. So werde ich es von andern er= fahren.

Thora. Ragnar!

Ragnar. Du irrst mir den Willen nicht! Ich selbst werde die Pflegeeltern Krakas ausfragen, und zwar in Gegenwart Krakas.

Thora. Willst Du Dein eigenes Kind hin=
morden?

Ragnar. Mein eigenes Kind? Wie meinst
Du das?

Thora. Ich meine das so, wie ich es meine.

Ragnar. Ich verstehe nicht!

Thora. Um so besser! Das Schicksal steht
dicht hinter Dir und blickt Dir über die Schultern!
Du aber siehst es nicht!

Ragnar. Mache mich doch sehend. Du kannst
es ja!

Thora. Aber ich darf es ja nicht, Ragnar!
Ich darf es schon Krakas wegen nicht.

Ragnar. Mir scheint eher, Krakas wegen
willst Du's nicht!

Thora. Wieso?

Ragnar. Weil Du eifersüchtig auf Kraka bist!

Thora. Ragnar!

Ragnar. Leugne es doch! Gewiß bist Du
eifersüchtig auf Deine Nachfolgerin. Einer Eben=
bürtigen gönnst Du Deinen Platz nicht, es giebt
Dir Genugthuung, wenn sie niederer Herkunft ist,
weil Du weißt, daß Du dann nicht voll ersetzt bist.
O, ich durschaue Dich! Darum, nur darum willst
Du, daß ich mit den Pflegeeltern Krakas selbst nicht
rede und ergründe, wo Krakas Wiege stand.

Thora. Ist es so weit mit Dir gekommen,
Ragnar? Du thust mir in der Seele leid.

Ragnar. Leugne es doch! Wozu sonst all
das Heimlichthun und Versteckspiel?

Thora. Nimm die Bethörung von Dir, Ragnar!

Ragnar. Ich nehme sie von mir. Du warst
es, die mich bethörte. Nun hast Du Deine Macht

über mich verloren, Dein Lockruf verfängt nicht
mehr! Denn, daß ich's gestehe, Du hattest einst
Zaubergewalt über mich. Du warst einst mein
Kleinod. Nur schade, es fiel mancher Schnee, seit
wir uns sahen. Die Thora von damals erkenne
ich in Dir nicht wieder! Neid, Galle und Eifer=
sucht haben Dich vergrämt. Du selbst hast wie
Unkraut ausgerautet, was ich im Herzen für Dich
trug. Du wolltest mich an der Ehe mit Kraka
hindern, Du wolltest mich zum Eidbruch verleiten.
Und da Dir das mißglückte, suchst Du zu hinter=
treiben, daß ich Krakas vornehme Herkunft nach=
weise. Und Du glaubst, meinen Willen hemmen zu
können! Du scheinst nicht zu wissen, wer vor dir
steht.

Thora. O, ich weiß es nur zu gut.

Ragnar. So wirst Du auch wissen, daß
Ragnar Lodbrok nur hört, wenn er hören will.

Thora. Dann hoffe ich, daß Ragnar Lodbrok
einen Warner in der Brust trägt, wenn er andere
Warner überhört!

Ragnar. Dem Warner in der Brust gebiete
ich Schweigen, denn ich handele nach Gutdünken.

Thora. Blinder Irrtum! Die Sterne handeln,
— nicht wir!

Ragnar. So versuche doch meinen Stern aus
seiner Bahn zu lenken, — aber nicht mich! Denn
mein Stern will es so, daß ich Klarheit schaffe und
Dir trotze!

Thora. Nun sehe ich, das Schicksal steht nicht
vor dem Thor — sondern es steht in Dir.

Ragnar. Also bin ich selbst mein Schicksal?
Darauf bin ich stolz.

Thora. Sei nicht zu stolz! Hochmut kommt vor dem Fall!

Ragnar. So weit sind wir noch nicht. Oder willst Du damit sagen, Kraka habe mich betrogen, als sie von ihrer Jugend erzählte?

Thora. Sie hat sich selbst betrogen!

Ragnar. Du beschimpfst mich, wenn Du mein Weib beschimpfst!

Thora. Du beschimpfst Dich selbst weit mehr, wenn Du sie Dein Weib nennst!

Ragnar. Elende! Ich werde nicht ruhen, bis ich den Beweis erbringe, daß Du lügst!

Thora. Fast überkommt mich ein Gelüsten, Dir die Wahrheit zu sagen!

Ragnar. Also giebst Du zu, daß Deine Worte vorhin Lügen waren?

Thora. Wahnsinngepeitscht bist Du! Ich sehe, Dir ist nicht zu helfen! Mag denn der Schnitter kommen, die Ernte ist reif.

Ragnar. Donner und Hagel kommen oft vor dem Schnitter und zerstören die Ernte.

Thora. Donnere Dir selbst! Du kannst das Unglücksmeer nicht überdonnern, das um Dich tost und brandet!

(Yrsa tritt auf von rechts unten).

6. Scene.

Vorige. Yrsa.

Yrsa (mit matter Stimme). Ihr habt mich lange warten lassen. So kam ich Euch denn nach. Du also bist Thora, die totgeglaubte Thora.

Thora. Das weißt Du? Hast Du gelauscht?

Yrsa. Ihr spracht so laut. Fast hatte ich es schon vordem erraten. Doch es kam mir so unfaßlich vor! Und es ist mir noch so unfaßlich! Bist Du das wirklich, Du Vielbeweinte? Hast Du die Riegel der Hölle gesprengt? Warum ergrause ich und freue mich zugleich? Von der toten Thora hörte ich nur Gutes und doch haßte ich sie! Von der lebenden Thora sehe ich nur Böses, und ich liebe sie doch! Gieb mir Deine Hand, daß ich sie küsse.

Ragnar. Sei nicht so hündisch, Kraka, die Hand zu küssen, die Dich schlägt.

Thora (zu Ragnar). So hündisch hast Du sie gemacht, nicht ich!

Ragnar (zu Yrsa). Sie haßt Dich, sie ist Deine ärgste Feindin!

Thora (zu Ragnar). Ihr ärgster Feind bist Du, weil Du sie liebst.

Ragnar (zu Thora). Ich sage es ja, Du kannst mir nicht verzeihn, daß ich sie liebe!

Thora. Du würdest Dir selbst nimmer verzeihn, wärst Du nicht verblendet!

Ragnar. Und Du leugnest noch, daß Eifersucht aus Dir spricht?

Yrsa. Ihr zerstört beide das Bild, das ich von Euch trug.

Thora (zu Ragnar). Auf Deine Leichtgläubigkeit bin ich eifersüchtig, allerdings.

Ragnar. Nein, aber auf mein Weib!

Yrsa. Auf mich? Schämst Du Dich nicht, das über Deine Lippen zu bringen, Ragnar?

Thora (zu Yrsa). Armes Kind! Und Du kannst die Schmach kaum halb ermessen. Ihm würden

die Lippen abfaulen, wüßte er selbst, welches Pest=
wort er über Dich gesprochen.

Yrsa. Hört auf! Ist es Euer Gewerbe, mich
zu quälen? Ich bin kränklich und matt, — nehmt
Rücksicht!

Ragnar (zu Yrsa). Du wirst sehen, daß ich
Recht hatte! Denn sie sucht zu hintertreiben, daß
ich Ake und Grima über Deine Mutter ausforsche!

Yrsa. Sind denn meine Pflegeeltern endlich
angelangt?

Ragnar. Rognvald sandte heute Abend Bot=
schaft. Er wird Ake und Grima bald hierher
bringen.

Yrsa. Hierher? bei Mondschein? Abseits vom
Schlosse? Das wollte Thora so!

Thora. Ja, ich wollte es so!

Yrsa. Ich verstehe! Und Du willst die Wahr=
heit hemmen, Thora? Läßt sich überhaupt die
Wahrheit hemmen?

Thora. Der Zusammenbruch des Irrtums
läßt sich nicht aufhalten, insofern hast Du Recht!
Und ich will auch den Ringkampf mit den Sternen
nicht weiterkämpfen. Ich sehe ein, es wäre zwecklos.
Zur Genüge gehört viel, — ich habe es erfahren!
Nun ist an Euch die Reihe. Je später, desto
härter! Öffnet dem Jammer Thor und Thüren und
ladet ihn zu Gaste! Zittern hilft nicht gegen kalt
Wetter!

Yrsa. Ich wollte, meine Mutter lebte noch, so
hätte ich doch jemand, bei dem ich mich ausweinen
könnte.

Ragnar. Bin ich Dir so wenig, Kraka?

Thora. Du bist ihr zu viel! viel zu viel! Da eben hapert es!

Ragnar. Ja, drehe, meistere und deutele an meinen Worten. Du kamst, unser Eheglück zu zerstören.

Thora. Euer Eheelend zerstört sich von selbst, ohne mein Zuthun.

Yrsa. O wäre ich bei meinen Gänsen geblieben und hätte Euch nie gesehen!

Thora. O wärst Du bei uns geblieben und hättest Deine Gänse nie gesehen!

Yrsa. Du machst mich noch wahnsinnig mit Deinen Rätselsprüchen. Was weißt Du? Sage es!

Thora. Ich weiß nichts, ich ahne nur. Ihr aber seid ahnungslos!

Yrsa. So wäre Gewißheit für Dich wie für uns eine Erlösung!

Thora. Ich fürchte die Gewißheit für Euch so sehr wie für mich!

Yrsa. Du Furchtbare fürchtest? Wie muß das Grause erst sein, das Dir Furcht einflößt! Jedes Deiner Worte macht mir das Blut gerinnen. Angstschauer durchschütteln mich, wenn Du mich anblickst. Hast Du bei Hel's Hunden geweilt lange Jahre? Denn wenn Du beim Brande Hleidras nicht umgekommen warst, wie Ragnar und alle glaubten — warum sandtest Du Ragnar nicht Nachricht von Deiner Rettung? Warum verschwandest Du sangund klanglos zwanzig Winter lang? Alles ist Rätsel an Dir. Bist Du aus dem Höllenschlunde aufgetaucht? Oder liebtest Du die Deinen so wenig, daß Du eines andern Weib werden konntest, ohne Sehnsucht zu empfinden, den ersten Gatten und Deine Söhne wiederzusehen? Doch kann das ein Menschenweib von Fleisch und Blut? Oder träumst Du nie?

Thora. Ich wollte, ich träumte jetzt und könnte bald erwachen!

Ragnar. Verschwende nicht Worte, Kraka, Du erfährst doch nichts von ihr. Selbst mir hat sie nichts erzählt, obgleich ich mir die Zunge wund gefragt.

Thora. Weil ich Dich zu retten hoffte! Doch nun der Stern verjaust ist, werde ich erzählen. Panzere Dich, Ragnar!

Yrsa. Mir ist todesbang! Wie Blei liegt mir's auf der Brust! Ich wollte, meine Mutter lebte noch, und käme mich stützen und trösten!

Thora. Sie hätte nicht mehr Trost für Dich, als ich Dir bieten kann, Du Unglückskind!

Ragnar. Ich denke, Du willst erzählen?

Thora. Kannst Du's nicht abwarten? Um Aufschub solltest Du flehen, statt zu drängen. O, Ragnar, Ragnar! Du hast auf den Regenbogen gezimmert! Geborsten ist Dein Gebäude! Das Dach bricht zusammen, uns drei zu begraben. Womit verdienten wir dies Loos? Haben wir die Lichtgötter Walhall's gereizt? Oder die fahlen Unterirdischen? Ich glaube es nicht! Denn in den wenigen Jahren unserer Ehe waren wir glücklich und fromm. Büßt sich alles Glück auf Erden? Ist das Glück ein Fluch?

Yrsa. So wäre das Unglück ein Segen?

Ragnar. Ja, ein Wiegengeschenk für die Auserwählten!

Thora. Die Ausgezeichneten sind von der Gottheit gezeichnet. Das müssen wir wohl sein, denn die Unglücksnacht brach ein! Du, Ragnar, warst gegen die Biarmier gezogen. Noreg umzingelte Hleidra und steckte die Burg in Brand. Unsere Mannen machten aus der brennenden Burg einen Ausfall, sie durchbrachen die Reihen der Feinde und so gelang es mir, mit meinen Kindern zu entkommen. Aber in der Wirrsal wurde ich von den Knaben getrennt. Nur unser jüngstes, das Mädchen, hatte ich bei mir auf der Flucht. Einer unserer Dienstmannen, Heimi, blieb mir treu zur Seite, und er trug das Mädchen.

Yrsa. Wie trug er es?

Thora. Auf den Armen. Wie sonst?

Yrsa. Trug er keine Goldharfe?

Thora. Goldharfe? Ein Krieger wie Heimi? Was meinst Du mit der Frage?

Yrsa. Nichts! nichts! Erzähle weiter! Ich atme wieder auf!

Thora. Tagelang irrten wir am Meeresstrand umher, uns von Muscheln und Möveneiern nährend. Ob wochenlang, kaum weiß ich's zu sagen. Ich habe kein Erinnern von der Zeit. Wie geistumnachtet war ich vor Schmerz. Nur ein Gedanke lebte in mir: Was war aus meinen Knaben geworden? Ja, ich fing an, mein Töchterchen zu hassen, weil sich das Würmchen anmaßte, mir ein Ersatz für die Knaben zu sein! Ich überließ Heimi

8

die Pflege des Mädchens. Ja, wäre sie mein Erst=
geborener, mein Liebling, mein Biorn gewesen!
Ach, und ich hatte meinen Liebling nicht einmal
geküßt beim Abschied!

Yrsa. Biorn ist Dein Liebling gewesen! Du
hörst doch, Ragnar?

Ragnar. Ja, ich höre.

Thora. Warum sagst Du gewesen? Biorn
lebt doch noch!

Yrsa. Ja, er lebt noch!

Thora. Ihr schweigt beide so sonderbar.

Ragnar. Schweigen wir sonderbar?

Thora. Wo ist Biorn? Er ist der einzige
meiner Söhne, den ich bis heute nicht begrüßt habe!

Ragnar. Du hast auch Rognvald noch nicht
begrüßt!

Thora. Sind die beiden auf Reisen?

Ragnar. Ja, sie sind auf Reisen.

Yrsa. Erzähle weiter, ich bitte Dich! Wie
endete Eure Irrfahrt? Ereilten Euch die Noreger
nicht?

Thora. Nein, mit knapper Not entgingen wir
ihrer Nachstellung. Eines Abends, das Himmels=
gestirn war schon aufgegangen, erreichten wir eine
Fischerhütte am Strande.

Yrsa. Eine Fischerhütte?

Ragnar. Wer wohnte in der Fischerhütte?

Thora. Ein altes Ehepaar.

Ragnar. Wie hießen sie?

Thora. Darauf kann ich mich nicht mehr
besinnen.

Yrsa. Waren sie kinderlos?

Thora. Ja.

Yrsa. Erzähle weiter, weiter, weiter!

Thora. Die alten Leute waren sehr freundlich.

Yrsa. Sie waren freundlich?

Ragnar. Unterbrich doch nicht fortwährend!

Thora. Sie waren kriechend freundlich und
redeten viel mit Heimi. Ich aber war so erschöpft
vom Gehen, daß ich ohne Abendimbiß gleich beim
Herdfeuer mich niederlegte und einschlief. Lange
muß ich geschlafen haben. Die Sonne stand hoch,
als ich erwachte. Heimi war nicht in der Hütte.
Ich dachte, er wäre an den Strand gegangen, und
trat vor die Thür. Doch er war nirgend zu er-
blicken. Da sagte mir die Fischersfrau, Heimi sei
früh am Morgen aufgebrochen. Und sie zeigte mir
die Richtung, in der er gegangen. Ich begriff es
nicht und begreife es noch heute nicht! Ich eilte
in der Richtung, um ihn einzuholen. Ich war ja
verloren ohne meinen Beschützer. Es hatte die
Nacht geregnet, und ich fand Fußstapfen eines
Männerfußes. Doch dann verloren sich die Fußstapfen. Ich rannte und rannte, bis mich Kräfte
und Sinne verließen. So wurde ich endlich von
Seeräubern aufgegriffen und an König Halfdan
von Saxland verkauft. Halfdan wußte, wer ich
war, und begehrte mich zum Weibe. Er sagte, er
habe Botschaft, daß meine Knaben erschlagen
worden und Du, Ragnar, im Biarmier Lande gefallen seiest. Da ward ich Halfdans Gemahlin.
Doch nur kurze Zeit. König Ella besiegte und

8*

tötete König Halfban, mich aber, Halfbans Witwe,
machte er zur Königin von England. Durch Zu=
fall erfuhr ich später, daß Halfban mir falschen
Bescheid gegeben, daß meine Söhne nicht erschlagen
worden und Du, Ragnar, nicht gefallen seist! Zu
spät für uns zwei beidesamt! Aslaugs wegen
durfte ich Dir nicht Botschaft senden, Aslaugs
wegen mußte ich es König Ella verheimlichen, daß
ich Dein Weib gewesen war und bin. In Ellas
Augen bin ich nur König Halfbans Witwe.

Ragnar. Und was ward aus Yrsa?

Thora. Sie war mit Heimi zusammen ver=
schwunden.

Yrsa (sehr aufgeregt). Yrsa? Wer ist Yrsa?

Ragnar. So hieß mein totes Töchterchen.

Yrsa. Mir graut vor mir selbst.

Ragnar. Du....? Das sind Nachtgedanken,
scheuche sie fort. Davon will ich nichts hören.

Yrsa (aufschreiend). Vater! Es hilft ja nichts!
Wir betrügen uns umsonst! Ich bin ja doch Yrsa!

Ragnar. Das ist nicht wahr! Schweig. still.
Ich will nicht, daß Du Yrsa bist! Und Du bist
auch nicht Yrsa!

Yrsa. Es hilft nichts, Vater! Die Nacht ist
gekommen! Der Schein ist ab!

Ragnar (sehr ergriffen). Yrsa! Mein Schmerzens=
kind...... (Hart.) Nein! Du bist es nicht! Du
bist nicht Yrsa! Ich nehme zurück, was ich sagen
wollte!

Yrsa (sich an Thora klammernd). Mutter, meine
eigene Mutter, rette mich vor mir selber!

Thora. Ich blute selbst aus sieben Todes=
wunden, mein Kind! Jahre und Jahre flatterte
der Fluch über uns — nun senkt er sich herab auf
seine Beute!

Ragnar. Nein! In die Wolken heule ich
nicht! Hier stehe ich und lache der Norne und
ihrer Narrenstreiche! Wenn das mir Wurt ge=
sponnen, so ist's ein Meisterstück! Hahaha! Doch
noch ist nichts erwiesen, die Widersprüche sind un=
gelöst! Thora sagt, Heimi ging ohne Harfe, Heimi
sei nicht ermordet worden, Heimi habe früh am
Morgen die Fischerhütte verlassen. Hier ist eine
Handhabe gegen das Schicksal! Oft spielt das
Schicksal mit uns, um uns zu foppen, und läuft
feige davon, sobald wir ihm die Zähne zeigen.
Doch still! Ich höre Schritte! Wer kommt?
Rognvald, bist Du das?

(Rognvald tritt auf von rechts unten.)

7. Scene.

Vorige, Rognvald. Dann Ake und Grima.

Rognvald. Ich bin es, Vater. Ich habe
Deinen Auftrag vollführt!

Ragnar (zu Rognvald). Wo sind die beiden
Verbrecher?

Rognvald. Nicht weit von hier. Soll ich
sie rufen?

Ragnar. Noch nicht. Warte. Hast Du die
Thürschwelle aufgraben lassen?

Rognvald. Ja, das that ich. (Zu Irsa.) Wie
fühlst Du Dich, Kraka? Schon wieder auf? Du
siehst noch recht elend aus!

Yrsa. Ja, ich bin elend!

Ragnar. Und was fandest Du unter der Schwelle?

Rognvald. Einen goldenen Harfenkopf, wie Du voraussagtest.

Ragnar. Habt Ihr's gehört? Und Ihr jubelt nicht? Hier ist ja unsere Rettung! Auf die Harfe kam es vor allem an! Und die Harfe ist da! Vor dieser Thatsache müssen alle Hirngespinnste weichen!

Yrsa (zu Rognvald). Sonst fandest Du nichts unter der Schwelle?

Rognvald. Doch. Neben der Harfe lag ein Menschengerippe.

Thora. Habt Ihr's gehört? Ein Menschengerippe.

Ragnar. Ja! Ein Menschengerippe!

Yrsa. Ein Menschengerippe.

Thora. Ragnar, mich friert!

Rognvald. Wer ist die Frau?

Ragnar. Die Königin von England.

Thora. Es hilft keine Krone für Kopfweh, Ragnar!

Yrsa. Wir armseligen Königinnen! So bitter übel gekrönt!

Ragnar. Was ächzt und flennt Ihr? Worüber? Es kann doch eben so gut das Gebein eines Weibes sein. Wie läßt sich das noch feststellen? Knochen= werk ist weder Mann noch Weib.

Rognvald. Nach den Waffen, die ich neben dem Gerippe fand, muß es aber doch ein vornehmer Mann gewesen sein!

Yrsa. Ein vornehmer Mann!

Thora. Was für Waffen?

Rognvald. Adlerhelm und Langschwert. Das Schwert ist ein dänisches.

Thora. Ein dänisches?

Rognvald. Freilich! Und ein sehr kostbares. Biorn, Eirek und ich tragen solche.

Thora. Biorn auch?

Rognvald. Ja, Biorn trug so eins.

Thora. Wo ist Biorn?

Rognvald. Wo sollte er sein!

Thora. War er nicht mit Dir auf Reisen?

Rognvald. Kanntest Du meinen Bruder, Königin?

Thora. Du sprichst wie von einem Verstorbenen!

Rognvald. Aber durchaus nicht! Warum sollte er gestorben sein?

Thora. Ist er nicht mit Dir zurückgekehrt?

Rognvald. Noch nicht. Aber ich hoffe, er wird bald zurückkehren.

Thora. Weshalb betonst Du das so?

Ragnar (zu Rognvald). Wissen die beiden Alten, daß Du die Schwelle aufgegraben?

Rognvald. Nein. Ich ließ sie erst auf das Schiff bringen, ehe ich unter der Thür suchte. Die Verbrecher ahnen nichts davon.

Ragnar. Wissen sie, zu welchem Zweck sie hierhergeführt werden?

Rognvald. Auch das nicht! Ich sagte ihnen, ihre Tochter Kraka habe Sehnsucht nach ihren Eltern!

Yrsa. Wäre der Tod mein Vater und die Hölle meine Mutter, ich würde sie nicht sehnlicher herbeirufen als meine Eltern!

Ragnar (zu Rognvald). Geh, bringe mir Ake und Grima! Und bleibe selbst in Hörweite, für den Fall ich Deiner bedarf!

(Rognvald ab nach rechts.)

Yrsa (murmelt):

Es stehen drei Lilien auf Gottes Stirn.
Die erste ist gütig,
Die zweite sanftmütig,
Die dritte sein göttlicher Wille!

(Rognvald kehrt zurück mit Ake und Grima.)

Ake (leise zu Grima). Sie sieht finster drein!

Grima (leise zu Ake). Hättest Du sie rechtzeitig erschlagen, so würde sie jetzt grinsen.

Ake (leise zu Grima). Was mag sie im Sinne haben? Ich denke mir, sie will ihre alten Eltern reich beschenken und über alles Hofvolk erhöhen und zur königlichen Tafel laden!

Grima (leise zu Ake). Hat sich was! Du Aufschneider! Einen Hanfstrick wird sie uns schenken und uns über alle Winde erhöhen und die Geier zu Gaste laden, — das wird sie.

Ragnar (zu Rognvald). Halte die Fundstücke in Bereitschaft, aber entferne Dich nicht zu weit von hier.

(Rognvald ab nach rechts.)

8. Scene.

Vorige (ohne Rognvald)

Thora. Wenn die Gesichter wie die Menschen werden, so sind das schlechte Menschen.

Ragnar (zu Ake und Grima). Tretet näher!

Ake. Wir küssen den Staub Deiner Füße, großmächtiger König!

Grima. Ach, da ist ja unser Mövchen, unsere Herzens=Kraka! Eine Königin bist Du geworden, unser leibhaftiges Kind! Ich wage kaum, den Saum Deines Kleides an den Mund zu drücken. Und Du schämst Dich Deiner armen Eltern nicht, Du Königin, Du ladest uns zu Gast. Wir haben uns blind geweint um Dich, keine Nacht haben wir geschlafen, seit Du fort bist.

Yrsa. Auch meinen Schlaf habt Ihr erdrosselt für immer.

Ake (leise zu Grima). Ich versteh' nicht, was sagt sie? .... Im Schlaf erdrosselt?

Grima (leise zu Ake). Sticht Dich der Hafer, alte Plappertasche? Es geht uns an Kopf und Kragen!

Ragnar. Ihr sollt mir Red' und Antwort stehen. Wer sind die Eltern der Königin?

Ake. Das will ich Dir in Wahrheit sagen, Herr König. Ich und meine Hausfrau Grima, wir sind ihre Eltern.

Ragnar. Ich rate Euch, keine Ausflüchte zu machen! Ihr habt das Nachsehen!

Grima. Das hat seine Richtigkeit, Herr König. Wir sind die Eltern. Wer sonst?

Ragnar. Im Namen der Hölle — wollt Ihr gestehen oder nicht?

Grima. Was sollen wir thun, wenn man uns nicht glaubt!

Ragnar. Redensarten! Du verstehst Dich auf Kniffe, Du Lügenbrut!

Grima. Lüge ich, so heiße mich an einen Baum hängen.

Ragnar. Das soll Dir werden, ob Du lügst oder die Wahrheit sprichst! Deine Schliche fristen Dich nicht! Also heraus mit der Wahrheit!

Grima. Ich sagte die Wahrheit!

Ragnar. Sie meint, sie spricht mit Kindern. Andere Leute halten uns für klug! Aber sie hält uns für Kinder!

Ake. Vergebung, Herr König, aber wie sollte mein Weib nicht wissen, wen sie unter dem Herzen getragen?

Ragnar. Ihr falschen Zungen! Wollt Ihr die Wahrheit aus meinem Munde? Eine vornehme Frau, die in Eurer Hütte übernachtete, ist die Mutter der Königin! Ihr erschlugt den Begleiter der Frau, Ihr raubtet das Kind und Kleinodien und Goldharfe und schicktet die Frau hinaus in Nebel und Sturm auf die Heide!

Grima. Daß doch ein Mensch kommt und beweist mir das!

Yrsa (zu Grima). O, wärst Du doch meine Mutter, Du Blutfrau! Ich würde Dich, Mordweib, lieben und herzen!

Ake. Ist es möglich, daß man solche Lügen erdenken kann?

Thora. Ich wollte, es wären Lügen! Ich würde lauter jubeln als Du!

Ragnar (rufend). He, Rognvald!

Rognvald (im Hintergrunde). Halloho! Hier bin ich!

Ragnar. Laß das Schwert und den Harfen=kopf herbringen!

Rognvald (im Hintergrunde). Sofort, Vater!

Ragnar (zu Ale). Jawohl, den Harfenkopf! Wie der schlechte Kerl beide Ohren aufreckt!

(Rognvald und mehrere Wikinger treten auf von rechts.)

9. Scene.

Vorige. Rognvald. Wikinger.

Rognvald. Hier ist der Harfenkopf.

Thora. Zeige ihn noch nicht! Warte! Laß mich nachdenken! Laß mich nachdenken!

Ragnar. Was ist Dir?

Thora. Es war gelöscht, weggewischt aus meinem Hirn. Eine leere, tote Stelle ohne Licht. Und nun schimmert es und schwankt und taucht auf wie aus Nebeln. Bilde ich es mir ein, weil Ihr davon spracht? Ich sehe ihn vor mir, wie er an meiner Seite am Strande ging und wirklich — ja, — er trug eine Harfe auf dem Rücken. Er war ja als Spielmann verkleidet, — daß mir das jetzt erst wiederkommt! Oder träume ich das nur? Und richtig, ja, die Harfe war groß und so gebaut, daß man sie auseinandernehmen konnte.

Yrsa. Daß man sie auseinandernehmen konnte! Das hast Du von mir nicht gehört!

Thora. Nein, aber ich entsinne mich deffen genau. Und er trug in der Harfe das Kind. Und der Harfenkopf —.

Ragnar. Der Harfenkopf?

Thora. Wartet, wartet — es kommt mir wieder! Nur etwas Geduld! Ja, nun hab ich's! Er war etwa fauſtgroß. Koſtbare Schmiedearbeit. Er ſtellte dar —.

Ragnar. Was?

Thora. Wenn ich mich recht erinnere, — den Drachenkampf Sigurds.

Rognvald. Auch dieſer hier ſtellt den Drachen=kampf Sigurds dar.

(Rognvald zeigt den Harfenkopf an Ragnar, Thora und Yrſa.)

Ragnar. Berſte die Erde unter mir!

Yrſa. Nun liegt's alles in der Aſche!

(Pauſe.)

Ragnar (zu Ake und Grima). Ihr Unmenſchen, was ſagt Ihr nun?

Grima (weinerlich). Herr König, ich will es ja nicht leugnen, der Mann wurde ermordet. Aber ich trage keine Schuld! Ake hat es allein aus=geführt!

Ake. Was, mir in die Schuhe ſchütten willſt Du die That? Soll ich ſchon an den Knochen=galgen, ſo will ich Deine Geſellſchaft haben. Du warſt es, die mir die That eingeflüſtert hat!

Grima. Wer? Ich? Daß Dich der Tropf ſchlage! Wann denn?

Ragnar. Ruhe da! Wie hieß der Mann, den Ihr erdroſſelt habt?

Ake. Der Mann hieß Heimi.

Thora. O Elend!

Ragnar. Es ist sonnenklar!

Thora. Das war es schon lange!

Yrsa. Behüte mir Gott meine Sinne!

(Pause.)

Ragnar (zu den Wikingern). Fesselt diese Menschen!

(Ake und Grima werden gefesselt.)

Rognvald. Was soll mit den Verbrechern geschehen?

Ragnar. In die Schlangengrube mit ihnen!

Ake (zitternd). In die Schlangengrube? Der Galgen wäre mir lieber!

Grima (winselnd). In das Schlangenloch? Das ist Dein Ernst nicht, gnädigster König! Das ist zu gräßlich, so grausam kannst Du nicht sein! Ich will nicht zu den Schlangen! Habe Erbarmen, gnädigster Herr! Lieber töte uns gleich! Aber ich will nicht tagelang sterben und doch nicht sterben bei den Schlangen! Ich fürchte mich! Ich will nicht zu den Schlangen!

Ragnar. Genug! Fort!

(Ake und Grima werden weggeführt.)

Grima (beim Abgehen winselnd.) Ich will nicht. Nein, ich will nicht!

(Ake, Grima, Rognvald und Wikinger ab.)

10. Scene.

Ragnar, Thora und Yrsa.

Thora. Nun sind wir hellsichtig gegen uns selbst!

Yrsa. Mutter! Trotz alledem und alledem, Du bist doch meine Mutter!

Thora. Yrſa, Du mein heiliges Kind!

Yrſa. Ach wie warm ſind Mutterhände! Iſt nichts ſo weich wie Mutterſchoß.

Thora. Mit Schmerzen und zu Schmerzen trug Dich mein Schoß!

Yrſa. Blumen und Vögel werden Dein ver= fluchtes Kind meiden, Mutter! Dörren wird das Gras, wo mein Fuß hintritt. Doch Du, ſtoße Du mich nicht von Dir, Mutter!

Thora. Ich habe Dich und ich halte Dich!

Yrſa. Du wirſt mich nicht lange halten, Mutter. Ich bin hier über!

Ragnar. Was wiſperſt Du?

Yrſa. Ich muß ſterben, daß ich hier weg= komme! Ich bin eine Krankheit! Und wäre ich auch rein wie Schnee, ſo ſagen doch alle Leute: Das Königskind hat das gethan.

Ragnar. Und was ſoll mit Deinem Vater werden, Yrſa?

Yrſa. Tilge mich aus Deinem Herzen, Vater! Ertöte Dein Herz! Das iſt für wunden Schaden gut.

Ragnar. Dann weißt Du nicht, wie ich Dich liebe, Yrſa!

Yrſa. Von Dir ſelbſt bin ich! Bein von Deinem Bein! Unſere Sünde reicht ſchon bis an den Himmel. Iſt das noch nicht genug? Mutter, Mutter, lehre mich ihn haſſen, denn es iſt zu ſchrecklich, ich liebe ihn noch. Begreifſt Du das? Ich liebe ihn mit Sündenbewußtſein und Wahn= ſinn. Ich liebe ihn faſt noch mehr, ſeit ich weiß, daß ich ſein Kind bin!

Thora. Klage die Norne an — nicht Dich!

Yrſa. Man verzeiht ſich ſchwerer als dem Verhängnis.

Ragnar. Ich bin Dein Verhängnis, Yrſa. Kannſt Du mir verzeihen?

Yrſa. Ich Dir! — Doch Du Dir ſelbſt?

Thora. Horch!

Ragnar. Der Wetterhahn knarrt auf dem Turm.

Yrſa. Nein, das Fenſter dort!

Thora. Aslaugs Fenſter!

(Das Fenſter oben am Turm öffnet ſich. Eirek und Aslaug ſteigen heraus. Eirek hilft Aslaug über den Aſt und unter-ſtützt ſie beim Herabklettern von der Eiche.)

11. Scene.

Vorige. Eirek und Aslaug.

(Ragnar, Thora und Yrſa ſitzen getrennt an verſchiedenen Teilen der Scenerie und ſtieren ſtumpf und ſtumm vor ſich hin, zermalmt vom Schmerz. Yrſa kauert unter einem Baume in der Mitte der Bühne, Thora rechts vorn und Ragnar links vorn, gleichfalls unter einem Baume kauernd. — Eirek und Aslaug glauben ſich unbelauſcht.)

Yrſa (flüſternd). Hat ſich das Unglück noch nicht ſattgefreſſen an unſeren zerſtückelten, blutenden Seelen?

Ragnar (flüſternd). Eine Meute iſt nicht bald geſättigt. Kein Unglück kommt allein.

Thora (flüſternd). Der wilde Wirbeltanz ſoll erſt beginnen. Aus der Aſchen in die Glut!

Aslaug (noch auf dem Baum). Haſt Du Dich geräuſpert?

Eirek. Ich?

Aslaug. Mir war doch so.

Eirek. Der Ast bog sich und knarrte.

Aslaug. Ach, die Schwindeltiefe!

Eirek. Sieh nicht hinab! Es macht Dich schwindelig! Stütze Dich auf meine Schulter.

Aslaug. Laß, ich kann allein.

Eirek. Soll ich Dich auf die Arme heben?

Aslaug. Siehst Du! Du wärst beinahe ausgeglitten. Klettere erst Du hinab. Ich kann wirklich besser ohne Dich.

Eirek (herabkommend). Ich bin unten.

Aslaug (herabkommend). Auch ich!

Eirek. Wohin nun, Aslaug?

Aslaug. Ja, wohin, Eirek?

Eirek. Wir können nicht bleiben.

Aslaug. Nein, bleiben können wir nun nicht mehr.

Eirek. Und Du willst mir folgen, Aslaug, hinaus in Nacht und Graus?

Aslaug. Ich habe ja nur noch Dich, Eirek!

Eirek. So komm!

Aslaug. Ach! Ich kann nicht!

Eirek. Was fürchtest Du?

Aslaug. Die Steine, die um Mitternacht tanzen.

Eirek. Bin ich nicht bei Dir? Was bannt Dich sonst?

Aslaug. O Eirek! Meines Vaters Herzeleid! Wie wird er das tragen!

Eirek. Wir fliehen nach Friesland und wir senden von dort Botschaft an Deinen Vater von dem, was diese Nacht geschehen und daß uns nichts mehr trennen kann. Oder bereust Du schon meine Küsse?

Aslaug. Wären Deine Küsse nicht so süß,
ich würde schaudern vor dem Gift, das ich Dir
von den Lippen getrunken! Doch nun schaudre ich
vor Seligkeit!

Eirek. Küsse mich noch einmal, Aslaug, sonst
denke ich, Du bereust!

Aslaug. O daß man so schön und so lieb
sein kann, wie Du bist!

Eirek. Glaubst Du, daß Liebe ohne Sünde
solche Schauer kennt?

Aslaug. Höre auf, mich so zu küssen, Eirek.
Die Sterne löschen aus, dämmrig schleicht die Nacht
sich fort. Was soll aus uns werden!

Eirek. Zerbange Dich nicht! Dein Vater wird
Dir verzeihn, Du bist ja sein einziges Kind!

Aslaug. Wozu dann noch die Flucht, Eirek?
Laß uns gleich ihn aufsuchen. Wir werfen uns
auf die Knie vor ihn, wir beichten alles — kann
er uns seinen Segen noch weigern? Wir sind ja
doch nun einmal Mann und Weib!

Thora (mit einem gellenden, langen Schrei). Ach!
(Unheimliche, längere Pause.)

Aslaug (nach langer Pause). Hast Du den Elfen=
schrei gehört?

Eirek. Wer kann hier sein?

Aslaug. Alles Blut läuft mir zum Herzen.

Eirek. Es war vielleicht ein Schwan, den wir
aufgeschreckt haben.

Aslaug. Geh nicht von mir, Eirek.

Eirek. Oder war es vielleicht ein Fuchs? Die
kreischen zuweilen so gellend durch die Nacht wie
ein krankes Kind.

9

Aslaug. Die Stirn ist mir ganz eisig vor Angstschweiß.

Eirek. Was regst Du Dich auf? Es ist ja nichts. Bin ich nicht da, Dich zu schützen?

Aslaug. Du kannst mich vor meinem Gewissen nicht schützen.

Eirek. Hat Dich die Angst schon so bald er= nüchtert?

Aslaug. Wie soll das enden, wie soll das enden!

Eirek. Dein Vater wird Dir ja verzeihen, Aslaug!

Aslaug. Aber meine Mutter nie!

Eirek. Warum nie?

Aslaug. Ich weiß nicht. Mir sagt es mein Gefühl so. Sie hat Dich gern, sehr gern. Doch sie will Dich nicht zum Sohn.

Eirek. Und was würde ich darum geben, sie Mutter nennen zu dürfen!

Aslaug. Wenn wir eine Fürsprecherin ge= wännen . . . . . .

Eirek. Wen?

Aslaug. Deine junge Stiefmutter.

Eirek. Du meinst Kraka?

Aslaug. Ja. Ich weiß, sie ist mir gut gesinnt.

Eirek. Auch mir.

Aslaug. Wir müssen ihr alles sagen, was diese Nacht geschehen, und sie bitten, ein Wort für uns einzulegen.

Eirek. Ich weiß, sie wird sich freuen über unsere Ehe! Sie hat ein so mitfühlendes Herz.

Aslaug. Komm, laß uns gehn. Hier ist es grausig.

(Eirek und Aslaug kommen nach vorn und bleiben dicht neben
Yrsa plötzlich stehn.)

Eirek. Du . . . . . .

Aslaug. Was?

Eirek. Hier ist jemand.

Aslaug. Wo?

Eirek. Da!

Aslaug. Eine Frau?

Eirek. Ja. Sie hockt an der Erde.

Aslaug. Ist sie tot?

Eirek. Nein. Sie nickt ja mit dem Kopfe.

Aslaug. Wirklich, sie nickt mit dem Kopfe.
Sie nickt in einem fort. Warum nickt sie so mit
dem Kopfe?

Eirek. Vielleicht eine Verrückte!

Aslaug. Wie unheimlich! Komm' fort. Sie
hat uns nicht gesehn.

Yrsa. Weil ich blind vor Weinen bin.

Eirek. Kraka!

Aslaug. Du hast alles mit angehört?

Yrsa. Ja, ich habe alles mit angehört.

Aslaug. Himmlische Mächte!

Yrsa. Rufe die himmlischen Mächte nicht. Sie
kommen ungerufen.

Eirek. Was thust Du hier?

Yrsa. Ich breche Kräuter im Mondschein.
Doch die Giftblume, die mir not thut, finde ich
nimmermehr! Nimmer, nimmermehr!

Aslaug. Welche Giftblume?

Yrsa. Die das Erinnern tötet und das Vergessen verleiht!

Aslaug. Ich verstehe Dich nicht.

9*

Yrsa. Du sollst mich auch nie verstehen, Aslaug.

Aslaug. Bist Du mir böse?

Yrsa. Ich bin Dir nicht böse, Aslaug. Ich bin Dir gut, ich bin Dir so gut — Du ahnst nicht, wie gut ich Dir bin. Komm, daß ich den Schwesterkuß Dir auf die Lippen drücke. (Sie küßt sie.) Sind wir nicht wie Schwestern? Wir sind ja jetzt verwandt.

Aslaug. Ja, wir sind jetzt verwandt.

Yrsa. Nicht wahr? Fühlst Du, wie nah verwandt wir sind? Wie schrecklich nah? Du bist jetzt Eireks Bettgenossin, also bist Du ja meine Tochter! Blut ist ein eigen Ding, es kittet die Seelen zusammen. Unsere sind zusammengeschweißt durch Blut und Fluch und Schande! Nun bist Du auch so verflucht, wie ich, meine Schwester!

Eirek. Fluchst Du uns, weil wir lieben?

Yrsa. Wer liebt, wie ich, kann nicht fluchen, Eirek.

Aslaug. So hilf uns!

Yrsa. Euch ist nicht zu helfen.

Eirek. Wir flehen Dich an, erweiche Du das Herz von Aslaugs Mutter!

Yrsa. Dazu bedarf es meiner Thränen nicht mehr.

(Thora erhebt sich und tritt nach vorn zu den anderen.)

Thora. Das Herz Eurer Mutter kann Euch nicht retten!

Eirek (zurückprallend). Königin Oluf!

Aslaug. Mutter!

Thora. Ich weiß alles, mein Kind!

Aslaug. Mutter!

Thora. Begieb Dich in die Burg. Ich muß jetzt mit Eirek reden.

Aslaug. Du willst mich von Eirek trennen, Mutter!

Thora. Das will ich allerdings!

Eirek. Zu spät! Du kannst es nicht mehr, Königin!

Thora. Zur Umkehr ist es nie zu spät.

Yrsa (zu Eirek). Mein Liebling, füge Dich! Vertraust Du mir nicht?

Eirek (zu Thora). Kannst Du nicht vor Aslaug mit mir reden?

Thora. Nein.

Aslaug. Gut, Mutter. Ich gehorche. Ich gehe in die Burg. Aber ich werde Vater alles sagen, alles, alles. Und ich weiß, Vater wird mir beistehn!

(Aslaug schnell nach links ab.)

12. Scene.

Vorige. (Ohne Aslaug.)

Eirek (zu Thora). Nun, was magst Du mir Neues zu sagen haben, Königin? Ich bin neugierig. Du kannst mir nicht vorwerfen, daß ich Dein Vertrauen gebrochen, denn Du hast mir kein Vertrauen bewiesen. Du wolltest Aslaug wie ein kleines Kind behandeln, und Du hast nur ihren Trotz geweckt. Du wolltest trennen, was zusammengehörte, und Du hast damit Deine Tochter mir in die Arme getrieben! Du wolltest die Vorsehung spielen, und Du siehst nun selbst, was es nützte.

Thora. Ach ja, es nützt nichts, die Vorsehung spielen. Das sehe ich ein!

Eirek. Wenn Du das einsiehst, so stehe auch dem Glücke Deines Kindes nicht mehr im Wege.

Thora. Wo ist das Glück meines Kindes? Weißt Du, wo es hin ist, der Du es geraubt hast? Zeige es mir! Ich flehe Dich an, zeige es mir, und ich verspreche Dir nicht mehr im Wege zu sein.

Eirek. Du bist gekränkt und hast Ursache dazu! Ich stehe kläglich vor Dir als der Verführer Deiner Tochter. Das Geschehnis ist nicht zu ändern, wohl aber die Folgen. Du weißt, ich meine es ehrlich, ich begehre Aslaug zur Gattin. Gieb den Segen, um den wir Dich bitten, laß gleich morgen die Hochzeit rüsten, und das Geheimnis wird mit uns begraben. Hinderst Du aber, so bricht die Schande aus, und dann bist Du es, die das Unglück über uns brachte.

Thora. Weil ich geboren ward und weil ich gebar, kam das Unheil über Euch alle. Darum Fluch der Mutterschaft und Fluch der Liebe!

Eirek. Ist das Dein Bescheid auf meine Bitte?

Thora. Ja.

Eirek. Und Du giebst Deiner Tochter Deinen Segen nicht?

Thora. Es ist kein Segen in mir, Eirek, wie vermag ich zu geben, was ich selbst nicht besitze.

Eirek. Hast Du kein Erbarmen?

Thora. Ich fand nirgend ein Erbarmen, Eirek.

Eirek. So wünschest Du den Tod Deines Kindes?

Thora. Ich wünsche uns allen den Tod, Eirek.

Eirek. Eine seelenlose, eisige, leichenhafte Frau erscheinst Du mir.

Thora. Ich bin eine sehr unglückliche Frau, Eirek.

Eirek. Eine hartherzige, schlechte Mutter, das bist Du!

Ragnar (von links hinzutretend). Nimm dies Wort zurück!

Eirek. Auch Du hier, Vater?

Ragnar. Nimm jenes Wort zurück!

Eirek. Warum.

Ragnar. Weil sie nicht nur Aslaugs Mutter ist.

Eirek. Nicht nur Aslaugs Mutter?

Yrsa. Sie ist auch meine Mutter, Eirek.

Eirek. Was sagst Du? Auch Deine Mutter? Ich fasse das nicht. Wie ist das möglich? Also ist Aslaug Deine Schwester, Kraka?

Yrsa. Ja Eirek, wir sind Geschwister.

Thora. Bestehe das Herzeleid, Eirek, ich bin auch Deine Mutter!

Eirek. Mir ist, als schnitte ein kaltes Schwert mir durch die Seele. Ich bitte Dich, Vater, wieder= hole, was diese Frau da gemurmelt hat, sonst muß ich fürchten, daß mein Geist sich umnachtet, denn ich hörte eine Stimme aus der Hölle.

Yrsa. Das Mark zerschmilzt mir vor Schmerz.

Ragnar. Man muß fest in seinem Schuh stehn, um das zu ertragen.

Eirek. Du antwortest mir nicht, Vater?

Ragnar. Geh, Unglückssohn, umarme Deine Mutter!

Eirek. Die Königin Oluf? Verhöhnt ihr mich alle?

Ragnar. Sie ist nicht Oluf, sie ist Thora.

Eirek. Mutter!! Warum erstickt mir der Jubel im Halse? Warum kommt mir das Wort Mutter wie ein Todeshauch über die Lippen? Weh, ich fürchte mich vor meiner Mutter!

Yrsa. Auch vor Deiner Schwester?

Eirek. Schwester? Habe ich eine Schwester? Ich hatte eine, die hieß Yrsa, doch die ist tot.

Yrsa. Ich bin Yrsa.

Eirek. Du bist nicht Kraka?

Yrsa. Ich bin Yrsa.

Eirek. Schwesterchen! Doch ach, ich kann Dich nicht küssen! Warum kann ich Dich nicht küssen? Ist Aussatz an meinen Lippen? Weh mir! Ich fürchte mich vor meiner Schwester!

Ragnar. Lunge und Leber kehren sich mir um.

Thora. Du hast noch eine Schwester!

Eirek. Noch eine? Es ist zu viel auf einmal, mein Kopf ist wirr . . . Gönnt mir Zeit . . . Was sagst Du da, bittere Mutter, noch eine? Ach ja, Du bist ja meine Mutter! Und Aslaug . . . meine süße Schwester Aslaug . . . . Ich Hund! . . . . Dann bin ich der größte Bube!

(Eirek bricht zusammen.)

Yrsa. Wurmstichig! wurmstichig! wurmstichig! Stengel und Blüten.

Thora (zu Eirek). Steh auf, sei ein Mann.

Eirek. Ich fürchte mich vor mir, Mutter!

Thora. Sei nicht feige gegen Dich selbst.

Eirek. Ich fühle die Krallen des Wahnsinns, Mutter!

Ragnar. Unseliger.

Eirek. Wenn der Wahnsinn mich doch packen wollte, meine Augen aus den Höhlen reißen, mein Hirn schlürfen wollte! Ich fände doch Ruhe!

Thora. Du wirst Ruhe finden, mein Kind.

Sieh Deinen Vater an: er steht aufrecht und trägt
doch mehr als Du.

Eirek. Mehr?

Thora. Yrsa ist seine Tochter!

Eirek (sich erhebend) Sein Weib seine Tochter?
Mir erstarrt das Blut! Warum schluckt uns das
Erdreich nicht, Mutter?

Yrsa. Ermanne Dich, Eirek! Muß ich Dir
das sagen?

Eirek. Es ist ja doch nichts mehr zu retten.

Thora. Der gute Name ist noch zu retten!

Eirek. Ich verstehe Dich nicht, aber Deine
Stimme klingt rauh.

Thora. König Ella darf nichts erfahren.

Eirek. Aber Aslaug?

Thora. Auch Aslaug nicht.

Eirek. Grausame Mutter!

Thora. Aslaug ist der Blutpreis, den Du
uns schuldig bist, Eirek.

Eirek. Fordert alles andere, nur das nicht!
Ich kann nicht! ich kann nicht!

Thora. So willst Du denn, daß Deines
Hauses Schande ruchbar wird? Sollen es die
Kinder auf den Gassen singen, daß Deine Mutter
in Doppelehe gelebt, daß Dein Vater und Deine
Schwestern und Du Blutschande getrieben?

Yrsa. Erspare unserer Schwester die Seelen=
schändung, die mir heute nicht erspart blieb, Eirek.

Ragnar. Thu es Deiner greisen Mutter zu
Liebe, mein Sohn!

Eirek. O mein Lebensmut, mein Frühlings=
glaube — zertrümmert gleich einem thönernen
Bild! Und ich dummer Hans, ich meinte . . . .!

O ich Narr! ich Narr! Nun ist mir alles, alles
einerlei!

(Aslaug und König Ella und Gefolge treten auf von links.)

13. Scene.

Vorige. Aslaug. Ella. Gefolge.

Ella (zum Gefolge). Bleibt Ihr zurück.

Thora. Sie kommen!

Ragnar. Sie kommen nicht allein!

Eirek. Das Unabwendbare naht mit ihnen.

Yrsa. Der schwarze Faden riß noch nicht!

Ella (zu Thora). Da hast Du's! Ich habe es
Dir gleich gesagt! Doch Du befolgtest meinen Rat
nicht. Ihr Frauen seid ja immer klüger! Nun
bleibt Dir doch nichts anderes übrig, als einzu=
willigen!

Thora. Ich willige ein, wenn Eirek bereit ist,
Auslaug zu heiraten.

Ella. Ich hoffe, das versteht sich von selbst.

Aslaug. Eirek? Wie? Du sagst nichts?

(Pause.)

Ella. Was soll dies Schweigen bedeuten?

Eirek (schweigt).

Aslaug. Ist das Deine Treue, Eirek? Bist
Du bei Sinnen? Woran denkst Du?

Eirek. Ich habe mit Dir nichts zu schaffen,
Aslaug.

Aslaug. Den Satz hast Du von meiner Mutter
gelernt! Der kam nicht aus Dir! Denn Du liebst
mich doch, Eirek!

Eirek. Ich liebe Dich nicht!

Aslaug. Vater, rette mich, oder ich muß ins
tiefste Wasser gehn!

Ella. Sei still! Mein Kleinod! Mein Augen=
trost, sei still! Sprich nicht mit ihm, überlaß das
Deinem alten Vater! Ich will doch sehen, ob ich
dem Biedermann nicht die Schamröte in die Stirn
treibe! He, junger Held, willst Du meine Tochter
heiraten?

Eirek. Nein.

Ella. Nein?

Aslaug. Glaube ihm nicht, Vater! Er spricht
nur so! Er meint es nicht so! Sei ihm nicht
böse, um meinethalben sei ihm nicht böse. Was ist
in Dich gefahren, Eirek? Ich kenne Dich doch, Du
bist kein Lügner! Doch warum stiert Dein Auge
so? Was soll das mir? Und Ihr andern steht
dabei und helft mir nicht!?

Yrsa. Ach, wer hilft uns!

Aslaug. Nein, Eirek, wenn Du auch alle
überzeugst, mich überzeugst Du nicht davon, daß
Du ein Scheusal bist! Solche Verruchtheit mit
solcher Schönheit und Güte gepaart — wie wäre
das denkbar! Du hast Dich nicht verstellt, Du
verstellst Dich jetzt. Wirf die Maske ab, zeige, wie
Du mich liebst! Oder fürchtest Du, zu zeigen, wie
Du mich liebst? Ach! ich kann und will den
Glauben an Dich nicht verlieren!

Ella. Keine Bettlerthränen, mein Töchterchen!
Es stände Dir übel an, und der Mensch ist das
nicht wert! Laß mich nur machen. Ich werde
Dir zu Deinem Recht verhelfen. Verlaß Dich
darauf! Es soll ihm nicht zum Frommen gedeihen!
Ei, und mein Blutsfreund Ragnar steht dabei und
verschränkt die Arme. Findest Du kein Wort der
Empörung, Ragnar? Mein Glückwunsch zu solchem

Sprößling! Das ist die Jugend von heute. Nichts als Verrottung und Schande! Sage Du Deinem Sohn, was seine Pflicht ist, sonst, beim Großen des Himmels, sage ich es ihm auf biederbe Weise!

Ragnar. Thu Deine Pflicht, Eirek.

Eirek (einen Grashalm pflückend). Bei Himmel, See und Erde, ich thu meine Pflicht! Verzicht und Absagung leiste ich auf dies Mädchen! Ich verwerfe Dich, Aslaug, mit heiligem Halmwurf.

(Eirek wirft den Grashalm Aslaug vor die Füße.)

Aslaug (schluchzend). Vater! Vater! Ich bin verloren! Es ist aus, für immer aus! O wäre ich tot!

Ella. Ein Mann von Lebensart, das muß ich sagen! Mit welchem Anstand er die Entsagungsworte vorbringt! Bei Himmel, See und Erde! Ha ha ha! Mit Aufgeben des Halmes! Als ob es ein Butterbrot wäre und nicht ein Königreich! Verzichtet und abgethan mit Mund und Halm, — meine Tochter, eine Königstochter! Nicht etwa ein Fischermädchen dunkler Herkunft, — bewahre, die Tochter des Königs von England! Ist Englands Flotte in die Netze Rans geraten? Fürchtet man uns nicht mehr? Doch so weit denkt ja das Bürschchen gar nicht! Pfui Dich! Elender Wicht! Hast mein Kind verschändet, Du Mädchendieb! Den Fluch auf den Hals Dir, Du Schuft, Du Lotterbube! (Ella tritt mit drohender Faust dicht vor Eirek hin. Im selben Augenblick kommen Rognvald und mehrere Wikinger von links.)

14. Scene.

Vorige. Rognvald und Wikinger.

Rognvald. Du kannst die Schmach nicht auf Dir sitzen lassen, Eirek!

Eirek (leise zu Yrsa). Ich bin ein Schuft, Yrsa! Ich kann ihn nicht Lügen strafen, ich bin ein Schuft!

Yrsa. Du wärst es, würdest Du anders handeln! Dein Selbstopfer macht Dich zum Helden!

(Ragnar winkt zwei Wikingern, die auf seinen Wink nahe zu ihm herantreten.)

Ragnar (leise zu den Wikingern). Bringt mir meinen Sohn Biorn hierher!

Die Wikinger. Herr . . . .

Ragnar. Habt Ihr mich nicht verstanden? Ihr sollt mir meinen Sohn Biorn herführen!

Die Wikinger. Das wird nicht angehn, Herr.

Ragnar. Was wird nicht angehn? Wollt Ihr gehorchen?

Die Wikinger. Wie Du befiehlst, Herr!

(Die beiden Wikinger ab nach links.)

Rognvald. Sind Dir die Adlerflügel ge=brochen, Eirek? Du giebst ihm den Lohn nicht? Solche Feigheit hätte ich Dir nimmer zugetraut. Wir alle sind beschimpft und ins Gesicht geschlagen mit Dir! Wenn Du die Schmach nicht abwäschst, muß ich es, der Jüngere, für Dich thun! Wehre Dich, König von England, nieder mit Dir!

(Eirek fällt Rognvald in die Arme und hindert ihn, auf Ella einzubringen.)

Eirek. Halt ein, Hitzkopf! Er ist Aslaugs Vater! Ich weiß ein besseres Mittel, meine Schmach zu tilgen. Nicht sein Wort machte mich zum Schuft — ich selber machte mich zum Schuft! Und nur ich selber kann mit meinen Thränen den Schimpf von mir herunterwaschen! Komm in meine Arme, Aslaug. Ich habe ein böses Spiel mit Dir ge=trieben.

Aslaug (aufschreiend). Eirek! Mein Lieb!
(Sie wirft sich ihm in die Arme, beide küssen sich leiden-
schaftlich.)

Thora. Unsinniger, was bedeutet das?

Yrsa. Riß denn der schwarze Faden noch
nicht?

Aslaug (zu Eirek). Ich wußte es ja, daß es
Dein Ernst nicht war!

Eirek. Aber jetzt ist es mein Ernst, Aslaug!
Weißt Du das?

Aslaug. Ja, ich weiß das! Ich weiß, wie
Du mich liebst!

Eirek. Wie ich Dich liebe? Wüßtest Du's,
Du würdest schaudern!

Aslaug. Vor Seligkeit, Eirek! Wir bleiben
ja jetzt zusammen! Uns trennt nichts mehr!

Eirek. Ja, wir bleiben jetzt zusammen! Uns
trennt nichts mehr! Unser Fieber kehrt nicht
wieder! (Er ersticht sie.)

Aslaug. Böses Lieb, was thust Du mir!
Warum? Warum? Was habe ich Dir gethan?
Vater, Mutter, helft mir doch! O wie kalt das
Messer ist! (Sie sinkt zu Boden und stirbt.)

Thora (bei der Leiche knieend.) Aslaug! Sieh
mich an! Schlage die Augen auf! Hörst Du mich
nicht? Warum antwortest Du nicht? (aufschreiend)
Tot! Sie ist tot!

Ella (bei der Leiche knieend). Was sagst Du?
Sie ist tot? Das darf nicht sein. Sie schläft ja
nur! Ich habe ja nur diese eine Tochter! Aslaug,
mein Kindchen! Habe Erbarmen mit Deinem greisen
Vater! Wache auf! Hörst Du nicht? Erwache!
Schleiche Dich nicht so fort von mir, so ohne

Abschied und ohne Trost! Ich bin ein alter Mann,
— und Du warst mein alles! Die Wunde kann
nicht tief sein, das Blut fließt ja nicht. Und sieht
ihr Mündchen nicht aus wie lächelnd?

Thora. Es hilft nichts, sie ist tot.

Ella. Also doch tot! Warum die taufrische
Blume? Warum nicht ich todbegieriger Greis?
Was bin ich Weißbart nutze auf der Welt!

Ragnar. Ihr ist besser so!

Yrsa. O wäre ich an ihrer Statt!

Eirek (zu Thora). Drücke ihr das halboffene
Auge dort zu, ich darf es ja nicht!

Thora (zu Eirek). Elender!

Eirek. Weil ich ein Elender bin, solltest Du
Mitleid mit mir haben! Mein Glück habe ich er=
schlagen, ich elender Tropf!

Ella (sich erhebend). Du sollst es büßen, Du
Mordbube! Mein Kind zu rächen, bin ich nicht
zu alt! Rost ist ein Eisenfresser; lang hat mir
mein altes Schwert geruht; doch es zu schwingen,
habe ich nicht verlernt. Das Blut meiner Tochter
komme über Dein Haupt!

Eirek. Das ist der Segen, den ich selbst mir
erflehe.

(Eirek und Ella fechten miteinander.)

Rognvald. Warum wehrst Du Dich nicht,
Eirek?

Eirek. Wozu sollte ich!

Ella. So leicht abzuthun bin ich nicht, wie
Du glaubst! Da, — habe Dir das, Du Kraus=
topf!

(Ella verwundet Eirek töblich. Eirek fällt zu Boden.)

Thora. Eirek, auch Du?!

Ragnar (zu Thora). Was schreist Du! Willst
Du Dich verraten?

Yrsa. Du blutest, Eirek?

Eirek. Ich verblute. Das ist doch so schlimm
nicht. Ich bin zur Reise bereit! Bettet mich neben
mein totes Lieb!

(Eirek schleppt sich bis zu Aslaugs Leiche, Yrsa unterstützt
ihn dabei.)

Eirek (zu Yrsa). Vorsicht! Mache ihre Locken
nicht blutig!

Thora (leise zu Ragnar). Nimm meine Hand,
Ragnar, und halte mich! Ich kann mich selbst
nicht mehr halten.

Rognvald. Schnell einen Verband! Steh
still, Du wildes Blut! Läßt sich das Blut denn
nicht stillen?

Eirek. Das Blut will nicht stehen, es ist
widerhaarig, es läßt sich nicht befehlen .... Das
Blut weiß besser, was mir gut thut! Laßt nur!
Die Walküre will es so.

Yrsa. Wir sind vom Unglück gehetzt, daß uns
der Schaum am Munde steht! O Eirek, stirb uns nicht!

Eirek. Wir sehen uns ja bald auf der Toten=
brücke wieder! Wozu weinen! Lachend will ich
sterben! Die Würmer müssen auch ihr Essen
haben! Ich kämpfte eben mit meiner Seele und
sie blieb Siegerin. Sie hat den Tod überwunden.
Der Tod ist ohne Schrecken. Nur die Schuld ist
voll Schrecken. Doch es büßt sich alles selbst. Und
nach gethaner Arbeit ist gut ruhn!

Thora. Laßt mich an ihn heran. Ich werde
mich beherrschen. Macht mir Platz. Ich will ihn
ja nur ansehn. Nur einmal ihm in die Augen

sehen! Das steht doch jedem frei. Nein, ich werde nicht weinen. O die breite, klaffende Wunde!

Eirek. Ja, Königin, nun sind die breiten Eisen aufgekommen!

Thora (sich abwendend). So blutig und bleich und ohne Angstwort. O, Ragnar! Und ich darf den Kopf meines toten Kindes nicht kämmen und bürsten.

Eirek. Armer Vater, nach den Blättern fallen die Bäume!

Ragnar. Mein Sohn! Mein Sohn! Ich war so stolz auf Dich und Deinen jungen Ruhm.

Eirek. Es kommt immer anders. Ein Sprich=wort sagt: Wozu sich einer begiebt, des wird ihm sein Lebtag genug! Aber es macht sich immer anders im Leben. Die Zunge wird mir schwer. Der Totenvogel hat mir schon zweimal gerufen. Horch! Hört Ihr's? Er ruft: Komm mit! Komm mit! (Er legt seinen Arm um Aslaugs Nacken.) Du sollst nicht allein im Grabe liegen, Du Stille! Ich sterbe Dir nach! Vergieb mir Deinen Tod, mein süßes Lieb! Aus Mitleid nahm ich Dich mit hinüber. Nimm meinen Todeskuß! Nun gehen wir zu zweit in das leuchtende Land! Aslaug, Aslaug! ich komme! Ja, ja, nun sind die breiten Eisen aufgekommen!

(Eirek sinkt zurück und stirbt.)

Yrsa. Euch beiden scheint das Morgenrot nicht mehr.

Ragnar. Tot! Das ist der Anfang unserer Leichensühne!

Thora. Wir müssen ihn beneiden und uns selbst beweinen!

Yrsa. Eine verworfene Nacht!

(Das Gespensterschiff mit Sigurd Ring und Alfsol erscheint auf dem Kanal und fährt langsam am Turm vorbei.)

Ragnar. Das schwarze Schiff! Er hat noch keine Todesruhe gefunden!

Sigurd Ring. Du irrst! Ich bin erlöst! Heute kehre ich in die Seelenheimat. Aber stehe Du ab von der Rache für Eirek. Sattgefressen an unserem Blut hat sich der Fluch. Scheuche den Fluch nicht wieder auf, daß er nicht nach neuer Beute sucht!

(Das Gespensterschiff mit Sigurd und Alfsol verschwindet.)

Thora. Wer hat nicht Todesruhe gefunden?

Ragnar. Seid ihr alle blind? Er war hier, leibhaftig hier, der Schattenkönig.

Thora. Du fieberst, Ragnar.

Ragnar. Fühlst Du den kalten Gespenster= hauch nicht? Kalt sind die Gespenster! Er kam schon einmal, mich zu warnen. Doch ich mißdeutete seine Warnung. Alle Höllenmarter dieser Nacht wären uns erspart geblieben, hätte ich auf ihn gehört! Er wird nicht wiederkehren: sein Enkel= blut hat ihn gelöst!

Rognvald. Es war das letzte Blut nicht, das hier fließen soll! Und das schwöre ich Dir, mein toter Bruder, mein Herzblut soll Deine Totenmitgift sein! Jetzt stehe mir, König Ella! Es soll aus= gemacht werden mit Dir!

Ella. Komm heran, wenn Du kannst!

(Ellas Gefolge schart sich um Ella.)

Yrsa (zu Rognvald). Flossen denn nicht Thränen genug! Denke doch ein wenig an uns!

Rognvald. Ich denke viel an Euch! Und darum, hätte ich zehn Leiber, ich würde sie nicht schonen! Den Schimpf ließ ich auf uns sitzen, um nicht Aslaugs Vater zu töten, — doch nun mein Bruder fiel, handele ich nach blutigem Rechte!

(Rognvald und seine Wikinger bringen auf Ella und seine Begleiter ein. Ragnar wirft sich dazwischen.)

Ragnar (gebieterisch). Halt! Wer den Arm hebt, hat mich zum Feinde! Das Haupt meines Gastes ist mir heilig! Den Mörder meines Sohnes werde ich mit meinem Leibe schützen, so lange er mein Herdgenosse ist! Steckt die Schwerter ein! Ihr alle! Gastrecht geht vor Racherecht. Man soll von Ragnar Lodbrok nicht sagen, daß er das Gastrecht verletzen ließ. Aber morgen, wenn die Sonne aus dem Meere getaucht, König Ella, ver=lasse meine Burg. Und weh Dir, wenn auf fremdem Boden unsere Wege sich kreuzen!

(Der eine der beiden Wikinger tritt eilig von links auf.)

15. Scene.
Vorige. Der Wikinger.

Der Wikinger. Vergebung Herr . . . . .

Ragnar. Wer unterbricht mich?

Der Wikinger. Du schicktest wegen Biorn . . . .

Ragnar. Und —?

Der Wikinger. Er kommt gleich, ich wollte Dich vorbereiten.

Ragnar. Worauf?

Der Wikinger. Er ist sehr verändert.

Ragnar. Wo war er?

Der Wikinger. Wo Du befahlst.

Ragnar. Ich gab keinen bestimmten Befehl.

Der Wikinger. Dann ist es ein furchtbarer Irrtum. Aber ich bin schuldlos daran. Denn ich war mit Rognvald auf See.

Ragnar. Willst Du's nicht bald sagen, wo
er war?

Der Wikinger. In der Schlangengrube.

Alle (aufschreiend mit Entsetzen). In der Schlangen=
grube?!

(Pause.)

Ragnar. Dazu gab ich nie Befehl.

Thora. Darum Deine Ausflüchte vorhin,
Ragnar?!

Ragnar. Und er ist noch am Leben?

Der Wikinger. Ja. Die drei anderen, Wis=
bur, Ake und Grima sind tot. Aber Biorn war
hinaufgeklettert in eine höher gelegene Seitenhöhle,
wo die Schlangen nicht an ihn herankonnten.
Hunger und Todesfurcht haben seinen Geist getrübt.

(Der andere Wikinger und Biorn kommen von rechts.)

16. Scene.

Vorige. Der andere Wikinger und Biorn.

Biorn (wahnsinnig). An drei Stellen springt das
Grab auf . . . . . Was thut Ihr hier, Ihr weißen
Leute? Sucht Ihr Morcheln? Oder sammelt Ihr
Beinchen und Knochen? Die Knochen wachsen im
Neumond. Laßt die Seele nicht aus den Knochen
schlüpfen! Beinbruch, ich segne Dich! Thr behüte
Euer Blut und Euer Fleisch.

Yrsa. Es ist, um einen Kieselstein zu erbarmen!

Biorn. Die Schlange Goinn hat sich mir ins
Herz genistet, die Seelensaugerin. Nun muß ich
tanzend sterben, sterbend tanzen. Nehmt die Be=
thörung von mir! So traurig, — ich weiß, ich
bin verrückt!

> Flugasche und Flechte
> Flogen über das wilde Meer,
> Flugasche kam wieder,
> Flechte nimmermehr.

Hört Ihr das Klingen des Knochens?

Rognvald. Er erkennt uns alle nicht!

Thora. Ich kann mich nicht mehr halten. Mag kommen, was will! Biorn, mein geliebter Sohn, komme zu Sinnen! Ich bin es, Deine Mutter! Ich bin nicht Oluf, — ich bin Thora, Ragnars erste Gattin, Deine und Eireks und Yrsas Mutter!

Ella. Du Thora! Was sind das für Fabeln?

Thora. Jawohl, König Ella, ich bin Thora. Da, blicke auf Ragnar, und Du wirst nicht mehr zweifeln! Welchen Grund auch hätten wir, uns damit zu brüsten? Durchmißt Du die Abgründe des Schmerzes ganz? Ich, die Mutter Aslaugs, bin Eireks Mutter, ich Yrsas Mutter, war Ragnars Weib! War je ein Mutterschoß verflucht wie der meine?

Ella. Nun erst verstehe ich alles und verzeihe alles.

Ragnar. Ich verstehe nur eins nicht: daß wir nicht alle geworden sind wie Biorn in dieser Nacht.

Thora. Biorn, mein Kind! Sieh mir in die Augen! Ist Dein Erinnern so tot? Zieht Dich nichts zu Deiner Mutter, deren Liebling Du warst?

Biorn (zu Thora). Gute Gevatterin, nun laß mich! Du hast auch Schlangenaugen! Hast Du Vipernbrühe gegessen und Schlangenmilch getrunken? Hütet Euch vor perlen = weinenden Schlangen! Ihr Blick tötet!

Im Turme
Seht die Rosenblume,
Ist weder braun noch fahl.
Hat die dort der Nachtmar getreten? (Er zeigt auf
die Leichen Eirets und Aslaugs.)

Thora. Ich mache Dir keinen Vorwurf, Ragnar,
Du bist gestraft genug.

Biorn. Dort unter dem Stein — das gute
Tier! Ding komm heraus! Hast Du Rot=
strümpfchen nicht gesehen? (Zu Irsa gewendet:)
Unke sagt: nee, ich auch nicht. Wie Du denn?
Hu, hu, hu, hu!

Irsa. Komm fort, da ist keine Schlange!

Biorn. Doch, doch! Reglos in einen Knäul
verschlungen. Wie traurig sie mich anblickt. Sie
kroch aus seinem Munde, seine Seele ist es.

Irsa. O Biorn, mein Bruder! Du bist der
glückseligste von uns!

Biorn. Laß doch! Ich bin das thronende
Skelett!

Irsa. O Bruder, gieb mir von Deinem Wahn=
sinn ab! Sei nicht so selbstsüchtig, Dein Glück
allein zu genießen! Gieb mir ein Tröpfchen Irr=
sinn. Nur ein kleines Tröpfchen. Ich verschmachte
ja sonst!

Biorn. Störe nicht, ich löse das Menschen=
rätsel. Küsse die Unke, und ich bin frei.

Irsa. Gieb mir ab von Deinem Reichtum,
Biorn! Wie geizig von Dir, ihn für Dich allein
zu behalten! Stecke mich an, Biorn! Mache mich
auch wahnsinnig! Mache mich wahnsinnig! O ich
bitte Dich darum!

Biorn. Laß, ich hüte Schlangenkönigs Krone! Ding iß Brocken!

Thora. Hier ist unseres Bleibens nicht länger! Fort von dieser Greuelstätte!

Ella. Ja, wir müssen aufbrechen. Hätte ich doch nie Dänemarks Küste betreten! Laß uns im Schmerz die Hände uns drücken, Ragnar, als ehrliche Feinde und Leidsgenossen.

Ragnar. Der Tod sühnt und versöhnt.

(Ella und Ragnar reichen sich die Hand.)

Ragnar (zum Gefolge). Tragt die Toten in die Königshalle.

(Die Leichen werden in feierlichem Zuge nach links fortgetragen. Ella, Biorn und Rognvald ab.)

Thora. Lebe wohl, Ragnar. Wir sehen uns nie wieder.

Ragnar. Der Schmerz hat uns enger zusammengekettet, Thora, als die Liebe es je gethan!

Thora. Die Liebe war das erste Kettenglied in der Kette unserer Leiden.

Ragnar. Vielleicht auch das letzte!

Yrsa. Mutter, ich gehe mit Dir, ich folge Dir nach England.

Ragnar. Gut, geh nach England. Ich kann Dich nicht halten.

Yrsa. Lebe wohl, Vater.

Ragnar. Lebe wohl.

Yrsa. Küßt Du mich nicht zum Abschied, Vater?

Ragnar. Es ist besser, wir nehmen nicht Abschied von einander.

Yrsa. Wie Du denkst.

(Yrſa geht mit Thora nach links, um abzugehen. Ragnar steht ganz rechts im Vordergrunde. Wie Yrſa ſchon links an der Couliſſe iſt, bleibt ſie plötzlich ſtehn, wendet ſich um und läuft quer über die Bühne raſch zu Ragnar und wirft ſich ihm in die Arme.)

Ragnar. Yrſa!

Yrſa. Ragnar! Mein Gatte! Ich liebe Dich! Ich liebe Dich ſo wahnſinnig! Ich kann nichts dafür, aber meine Liebe iſt ſtärker als ich! Es hilft nichts, ich kann nicht dagegen an! Ich bin ſchlecht und verworfen, daß ich Dich ſo liebe, ich weiß, ich weiß, aber ich kann es nicht ändern! Es iſt ein Brand, den ich nicht löſchen kann! Ich habe Dich ſchon zu Grunde gerichtet mit meiner Liebe, ich würde Dich ja völlig vernichten, wenn ich bleibe. Begreifſt Du nun, daß ich fort muß, daß ich nicht bleiben kann? Ja, wenn ich kalt wäre und ohne die Sünde in meinem Herzen, ſo könnte ich bleiben. Wir würden leben wie Vater und Tochter neben einander. Aber ich kann das nicht, ich kann, ich kann das nicht. Verachte mich, aber vergieb mir meinen Wahnſinn! O ich liebe Dich, Ragnar, ich werde Dich lieben bis zu meinem letzten Atemzug. Küſſe mich noch einmal! So! und So! Ach, es iſt das letzte Mal! Lebewohl! Lebewohl!

(Sie reißt ſich los und eilt über die Bühne nach links ab.)

(Der Vorhang fällt.)

Ende.

Druck der Freyhoffſchen Druckerei in Rauen.